硫黄島に眠る戦没者

栗原俊雄
Toshio Kurihara

硫黄島に眠る戦没者
見捨てられた兵士たちの戦後史

岩波書店

はじめに

つるはしの跡が、土壁に無数に刻まれていた。

「こんなに蒸し暑く、換気が悪い中で。つるはしをふるっていたのか。帰ることができないことも、分かっていたはずだ。心身とも、どんなにつらかっただろう……」。

硫《い》黄島《おうとう》（東京都小笠原村）の地下壕に入って、筆者がまず想像したのは日本軍守備隊の兵士たちのことだった。第二次世界大戦の激戦地である硫黄島を初めて訪れた、二〇〇六年一二月六日。「戦後六一年」のことである。

一九四五年二月。東京都心から南、一二五〇キロの小さな島を、数え切れないほどの米艦船が島を取り囲んでいた。艦砲射撃と爆撃が続いていた。敵の上陸は確実だ。日本本土からの援軍はない。武器弾薬の補給もない。生きていく上で不可欠な水が絶望的に不足している。食糧も足りない。不衛生でチフスが蔓延《まんえん》している……。敵に殺されるか、病気か。いずれにしても、それまでの島嶼《とうしょ》戦がそうだったように守備隊はみな玉砕《ぎょくさい》＝必ず死ぬ。兵士たちの多くは、そう覚悟していただろう。実際守備隊およそ二万一〇〇〇人のうち、一万九九〇〇人が戦死した。生き残ったのは一〇三三人。全体の九五％近くが命を落としたのだ（防衛庁防衛研修所戦史室編『戦史叢書　中部太平洋陸軍作戦〈2〉』。厚生労働省によれば、戦死者は二万一九〇〇人）。

第二次世界大戦末期、この島では日本軍守備隊が戦力で圧倒的に勝る米軍を苦しめた。小説やテレビドラマ、映画などでもたびたび取り上げられてきた。

一方で、そこで斃《たお》れた者たちと遺族の戦後史を取り上げるメディアは少ない。

硫黄島は、離島とはいえ首都東京の一部であり、自衛隊が常駐している。にもかかわらず敗戦から八〇年近くが過ぎた今もなお、一万体以上の遺体、遺骨が行方不明である。そして七〇～八〇歳の「子ども」たちが、まったく会ったことがないか、ほとんど会ったことがない親の遺骨を探している。苦労して掘り起こした遺骨は、ＤＮＡ鑑定によって身元を特定することが可能だ。しかし国が極めて消極的なため、ほとんどが身元不明の「無縁仏」になってきた。

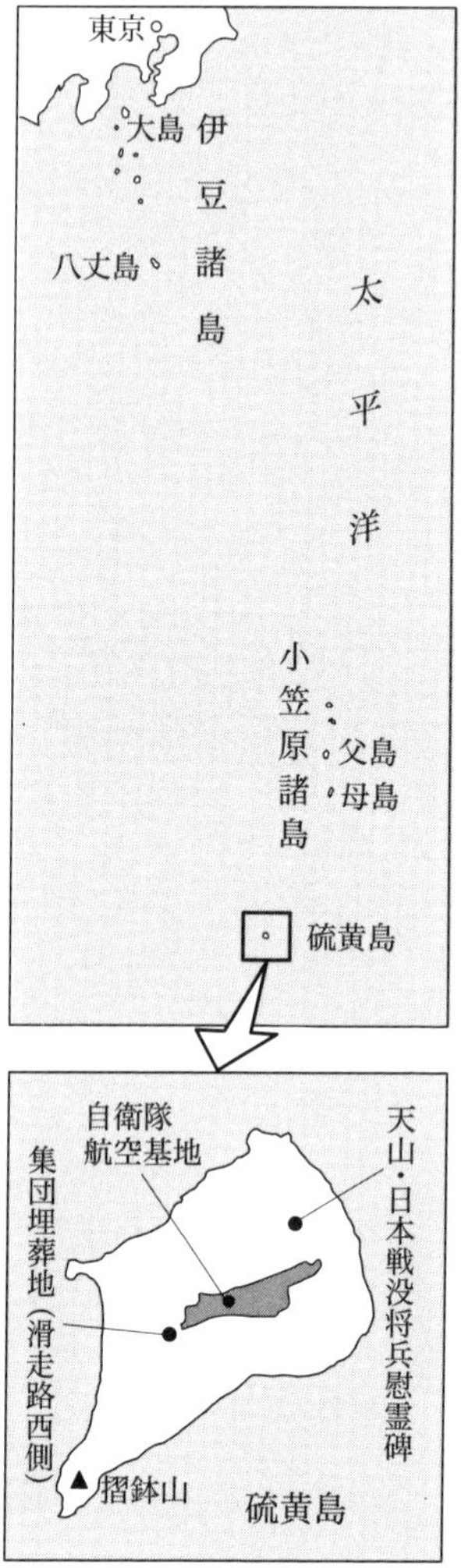

硫黄島略図

硫黄島での戦闘は一九四五年三月、米軍に占領されて終わった。第二次世界大戦そのものも、同年夏に大日本帝国の敗北で終わった。その後の日本現代史は、「戦後」という区分で論じられる。しかし、現代は本当に「戦後」なのだろうか。

戦闘は終わっても、戦争の被害は終わらない。たとえばＰＴＳＤのように、むしろ時が過ぎるにつれて拡大してゆく被害もある。また海外に目を向ければ、戦没した日本人のうち今も一〇〇万体以上が行方不明である。広義の戦争は「未完」なのだ。

本書では戦没者遺骨の問題、ことに硫黄島を中心に「未完の戦争」を振り返っていきたい。

目　次

第1章　硫黄島に眠る戦没者

一通のメールから——DNA鑑定　厚労省の「門前払い」

二〇一八年一月三〇日、筆者は一通のメールを受け取った。

「祖父は、硫黄島で戦死していまして遺骨がいまだ帰ってきていません。骨壺に石ころが三つくらい入れられて送られてきたそうです。亡くなった祖父のことについて、きっと家族の誰もが今も心の整理をつけることができていません。（亡くなった祖母はさらにそうであったと思います）」。

この年の春、筆者は真宗大谷派（東本願寺、京都市）による「全戦没者追弔法会」のシンポジウムで登壇者の一人として招かれた。僧侶である近藤恵美子が、参加の手続きを進めてくれた。そのやりとりをする中で、恵美子は祖父の近藤龍雄が硫黄島で戦死していたことを伝えてくれたのだ。遺族は、龍雄が硫黄島で亡くなったことは公報で知っていたが、どの部隊に所属し硫黄島のどこにいたかなど詳しいことは分からなかった。遺骨どころか、遺品すら帰っていない。

筆者は、「厚生労働省に遺骨のDNA鑑定を依頼したらいかがですか」と勧めた。「厚労省は戦没者の遺骨を国内外で収容していて、DNAを採取しています。希望する遺族からもDNAを採取して、

陸軍の軍服を着た近藤龍雄さん

突き合わせることによって遺骨の身元が判明することがあります」。

恵美子が電話で厚労省に依頼したところ、すげなく断られた。「「遺品がなければ鑑定はしていません」の一点張りでした。「ご遺族のお気持ちは上司に必ず伝えます」とおっしゃって下さったのですが。電話で話した職員の方に訴えても、国の方針が変わらないことは分かっていましたけれど……。こらえきれなくて一時間くらい同じお願いをしました」。

厚労省の推計によれば、第二次世界大戦では日本人およそ三一〇万人が死んだ。うち二四〇万人が「海外」(硫黄島、沖縄を含む)での死亡である。同省は二〇二二年一二月末現在、一二七万七〇〇〇体の遺骨を収容したとしている。後述するように、筆者は「本当にそんなに収容したのか」「本当にすべて日本人なのか」という疑念を持っているが、ともあれ硫黄島では戦没者二万一九〇〇人に対して、半数近くの遺骨が収容されたとしている。

激戦地跡で戦没者の遺骨を苦労して掘り起こしても、身元を特定させることは難しい。現在、遺骨の身元を科学的に明らかにして遺族に返すためには、ＤＮＡ鑑定が頼りだ。恵美子とやりとりをした二〇一八年当時、硫黄島で収容した一万体以上のうち身元が特定できていた遺骨はたったの二体しかなく、いずれもＤＮＡ鑑定によって分かったものだった。だから筆者は、恵美子に厚労省に鑑定を申請するよう勧めたのだ。しかし、厚労省は対応しなかった。

差別的な対応

この時点で、厚労省は死者＝戦没者遺骨を差別的に扱ってきた。またその帰還を待つ遺族に対しても、信じがたい差別をしていた。

ＤＮＡ鑑定は二〇〇三年から始まった。しかし鑑定には厳しい条件があった。遺骨と一緒に身元特定につながる遺品や埋葬記録などが見つかった場合に限って鑑定を行うというものだ。遺品とは、具体的には印鑑や名前が書かれた持ち物、たとえば万年筆などだ。いわば「遺品縛り」である。

筆者は二〇〇六年に初めて硫黄島に渡った。その後二〇一〇年一二月、二〇一二年七月にも訪れた。二〇一二年の渡島は遺骨収容団に参加したものだ。島の中央部にある自衛隊の滑走路西側の現場で収容に当たり、文字通り数え切れないほどの遺骨を収容した（拙著『遺骨　戦没者三一〇万人の戦後史』）。しかし、上記のような遺品はただの一つも見つからなかった。

沖縄で四〇年近く戦没者の遺骨収容をしている具志《ぐし》堅隆松《けんたかまつ》（一九五四年生まれ）によれば、名前が書かれた遺品が見つかるケースは、兵士の場合では五％もない。アルミの水筒や飯ごう、万年筆などだ。民間人の場合は皆無だという。沖縄戦では住民が貯金通帳を持って避難したという証言があるが、紙は土に埋もれると残りにくい。氏名を縫い込んだ衣服を着ていた民間人も多いと思われるが、衣服も

硫黄島衛星写真(2016年9月．提供：Earth Science and Remote Sensing Unit, NASA Johnson Space Center)

土に還ってしまい、これも残りにくい。これらの遺品と一緒に鑑定に耐えうる遺骨が見つかることは、さらに少ない。

遺品があろうがなかろうが、戦争で命を奪われた人たちの遺骨という点では同じである。しかし前者は鑑定を行い、後者は行わない。これは死者に対する差別であると、筆者は思った。そして遺骨の帰還を願う遺族に対する差別でもある。

海外で戦没した二四〇万人の遺骨のうち、DNA鑑定によってこれまで一二一〇体の身元が判明している(二〇二二年三月現在)。そのうち一一八二体がソ連によるシベリア抑留の犠牲者だ。これは身元が判明した遺骨の九八%近くである。抑留でおよそ六万人が死亡した。抑留は戦闘が終わった後のことである。激戦下に比べれば加害者であるソ連側に余裕があり、ソ連は埋葬記録を残していた。日本側は、これを手がかりにして鑑定を進めた結果が積み上がったものだ。しかし中国、東南アジア各地や太平洋の島嶼地帯など、激戦地ではそうした記録を確認するのは極めて難しい。

つまり「遺品縛り」をしている限り、せっかく収容された遺骨のほとんどはＤＮＡ鑑定されない。抑留以外で身元が判明した遺骨は二八体しかない。沖縄は六体、硫黄島は五体しかない。掘り起こされた遺骨の多くは、厚労省の霊安室に保管されるか、事実上の「無縁仏」として東京都千代田区千鳥ケ淵の国立戦没者墓苑に納まることとなっていた。同墓苑には二〇二二年七月一九日現在、三七万二六七体の遺骨が収容されている。

説得力の乏しい厚労省の言い分

筆者は「遺品縛り」はやめるべきだということを、毎日新聞などで繰り返し主張してきた。たとえば二〇一五年四月二五日、当時連載していた「戦後70年・戦没者遺骨、イマダ帰還セズ」の第一〇回「ＤＮＡ鑑定の光明」で、「収容した遺骨はすべて国がＤＮＡを採取してデータベース化する。さらに連絡がとれ、鑑定を希望する遺族からも採取しておいて、突き合わせればいいのでは」と書いた。

当時取材した厚労省の担当者は、筆者の主張が実現しない理由を二つ言った。まず「南方の遺骨は骨の状態が悪くＤＮＡを採取するのが難しい」こと。さらに「ＤＮＡは究極の個人情報。行政が大量に保存することは、倫理上の問題があるという意見もある」。

筆者が硫黄島で遺骨収容に加わった前述の滑走路西の現場は、火山灰の黒土だった。それを掘り進めると、黄土色の層が出てくる。その周辺を掘ると遺骨が見つかる。大腿骨だ。大きく堅固な骨に見えた。しかし掘り出そうとして触るとすぐにぽろぽろと崩れて、きな粉のようになってしまった。黄土色の層は、その「きな粉」のあつまりだったのだ。

そんな状態を思い起こすと、南方の遺骨からDNAを採取することが困難だということは理解できる。実際に鑑定を行う複数の法医学の専門家に取材したところ、同様の困難さを指摘した。しかし、これは採取を試みてみなければ分からない。試みた結果「採取できなかった」ことと、「遺品が見つからないから」と最初からあきらめて試みなかったこととでは意味がまるで違う。

また、二つ目の「個人情報」云々の言い分にはまったく同意できなかった。

一般論として、個人情報を行政が大量に把握することは危険であると、筆者は考える。ましてDNAには、遺伝的なことなど個人が認知していないものを含めてたくさんの情報が含まれており、まさに「究極の個人情報」だからなおさらだ。不特定多数のそれを国が管理すべきではない。

ただ、戦没者遺骨のDNA鑑定については事情が違う。まず戦没者遺骨のDNAと突き合わせる遺族のDNAだが、採取してデータベース化するのは、希望する人だけだ。戦後八〇年近くが過ぎ、この先鑑定を希望する人が膨大になるとも思えない。「マイナンバー」のように、広く国民全体から個人情報を集めて国がそれを管理するのとは次元が違う。手を挙げる人に「あなたのDNAをデータベースに載せることになります。いいですか」と意志をきいて、拒否されればデータベースに載せなければいいだけのことだ。もちろん、目的外の利用など不正使用を厳しく監視し、違反があれば厳罰に処すことが前提である。

つまり「ＤＮＡは究極の個人情報だから、行政が大量に保存することは倫理上の問題がある」という一般論とは次元の違う話である。

結局のところ、「個人情報」云々は「遺品縛り」をほどきたくない、あるいはほどけない理由を探すために当局が編み出した理屈、と受け止めざるを得なかった。

沖縄では「遺品縛り」を一部解除

厚労省の姿勢には、もう一つ大きな問題点がある。戦没者遺骨のＤＮＡ鑑定に関する、広報体制の絶望的な貧弱さだ。鑑定事業について同省のホームページで見ることはできる。しかし同省には他にも膨大な事業があり、ホームページには多くの情報が記されている。ＤＮＡ鑑定の事業を知らない者が偶然ホームページから見つける可能性は非常に低いだろう。近藤龍雄の遺族が知らなかったように。

やる気になれば、方法はいくつもある。たとえば同省は軍人恩給や遺族年金なども所管している。そのつながりを活用して、鑑定を呼びかけることはできる。関係の深い団体の協力も求めることができるはずだ。しかし、そうした積極的な呼びかけ事業は乏しい。

おそまつな広報体制の中で、遺族がせっかく鑑定事業のことを知っても、前述の条件のために事実上の「門前払い」が続出した。「鑑定条件が厳しすぎる」という批判が、遺族ら関係者から起こるのは当然であった。

　こうした中で同省は二〇一六年度、ＤＮＡ鑑定の条件を沖縄県の四地域に限ってとり払った。すなわち「戦後七〇年以上を経て、ご遺族が高齢化されていること等を踏まえ、遺留品等がなくても、部隊記録等から戦没者がある程度特定できる場合には、ご遺族へのＤＮＡ提供の呼びかけを行う」とした。「遺品縛り」を外したのだ。対象は真嘉比《まかび》（那覇市）、幸地《こうち》（西原町）、大里字高平《たかひら》（南城市）、経塚《きょうづか》（浦添市）である。いずれも一九四五年四月から三カ月にわたって続いた沖縄戦で、日米両軍の激戦地となった場所だ。

　さらに二〇一七年度は前田（浦添市）、伊原（糸満市）、米須《こめす》（糸満市）、喜屋武《きゃん》（糸満市）、真壁（糸満市）、具志頭《ぐしかみ》須武座原《すんざばる》（八重瀬町）の六地域を加え、「遺品なし」の鑑定を一〇地域に拡大した。

　政府がささやかながらもＤＮＡ鑑定を拡大した背景には、二〇一六年四月に議員立法で成立した「戦没者の遺骨収集の推進に関する法律」（推進法）がある。

戦没者遺骨収容は「国の責務」

　同法の第一条を見よう。

「この法律は、今次の大戦から長期間が経過し、戦没者の遺族をはじめ今次の大戦を体験した国民の高齢化が進展している現状において、いまだ多くの戦没者の遺骨の収集が行われていないことに鑑み、戦没者の遺骨収集の推進に関し国の責務を明らかにするとともに、戦没者の遺骨収集の実施に関し基本となる事項等を定めることにより、戦没者の遺骨収集の推進に関する施策を総合的かつ確実に講ずることを目的とする」。

政府の事業としての戦没者遺骨収容は、日本が一九五二年に独立を回復してから始まった。しかし、遺骨収容を国が行わなければならないという根拠法はなかった。それもあって、政府は何度か収容をやめようとした。それゆえ、推進法が遺骨収容を「国の責務」とした意味は大きい。日本の戦後補償史において、一つの画期となる内容であった。

さらに注目すべきは第二条だ。

「この法律において「戦没者の遺骨収集」とは、今次の大戦（昭和一二年七月七日以後における事変を含む。以下同じ。）により沖縄、東京都小笠原村硫黄島その他厚生労働省令で定める本邦の地域又は本邦以外の地域において死亡した我が国の戦没者（今次の大戦の結果、昭和二〇年九月二日以後本邦以外の地域において強制抑留された者で、当該強制抑留中に死亡したものを含む。以下同じ。）の遺骨であって、いまだ収容され、又は本邦に送還されていないものを収容し、本邦に送還し、及び当該戦没者の遺族に引き渡すこと等をいう」とある。

遺骨を「遺族に引き渡す」ことを目標に掲げていることを、確認しておきたい。つまり同法の目的は遺骨を集めて終わり、ではないのだ。身元を特定し遺族に返すことが国の「責務」なのだ。それを果たすために、沖縄の一部地域で「遺品縛り」を外したはずだ。

「よし、それなら沖縄の一〇地域と同じ条件を、硫黄島で整えよう。近藤龍雄さんがどの部隊に所属して、硫黄島のどこに配置されているのか、その資料を探し出してみせる」。筆者はそう思った。「その資料が見つかって、かつ遺族が希望すれば、DNA鑑定をしなくていい理屈がなりたたなくなる。つまり沖縄の一〇地域では遺品がなくても鑑定をするのに、硫黄島ではしないとしたら戦没者や遺族に対する差別だ。そんなことが許されていいはずがない。その差別をあえてするなら、世の中に広く伝えよう」と、本格的な取材を始めた。「政府が「遺品縛り」をほどくきっかけ、ほどかざるを得ない理由を自分が探し出してみせる」という気持ちだった。

妻と幼児二人を残し硫黄島へ

近藤龍雄は福岡県昭代村(現柳川市)、農家の長男に生まれた。遺族には「硫黄島で戦死した」ことは伝わっていたが、どの部隊にいたかなど詳しいことは分からなかった。筆者は孫の近藤恵美子に、龍雄の兵籍簿を入手してもらうよう頼んだ。軍隊での履歴が書かれているものだ。軍歴のある者の本籍がある都道府県が所蔵しているもので、第三者には提供されない。

その兵籍簿によると、龍雄は陸軍に召集されて、一九三九(昭和一四)年一〇月から中国戦線に配属されていた。

龍雄が中国大陸と思われる出征先から妻のハルノに宛てた手紙が残っている。「手紙を見て安心した。君が病気をしていないかと思っていたよ。元気でうれしかったよ。(中略)こう云えばお前が笑うかしらないが、一日もお前のことを忘れたことはない」。別の手紙では「泰典も元気で大きくなっている事と思います。どうか大事に育てて下さい。僕が帰る頃は大きくなっている事でしょう。そんな事を夢見る事が有ります」。

一九四一年八月に召集が解除され帰郷した。戦場を離れて家族と過ごせると思っていただろう。し

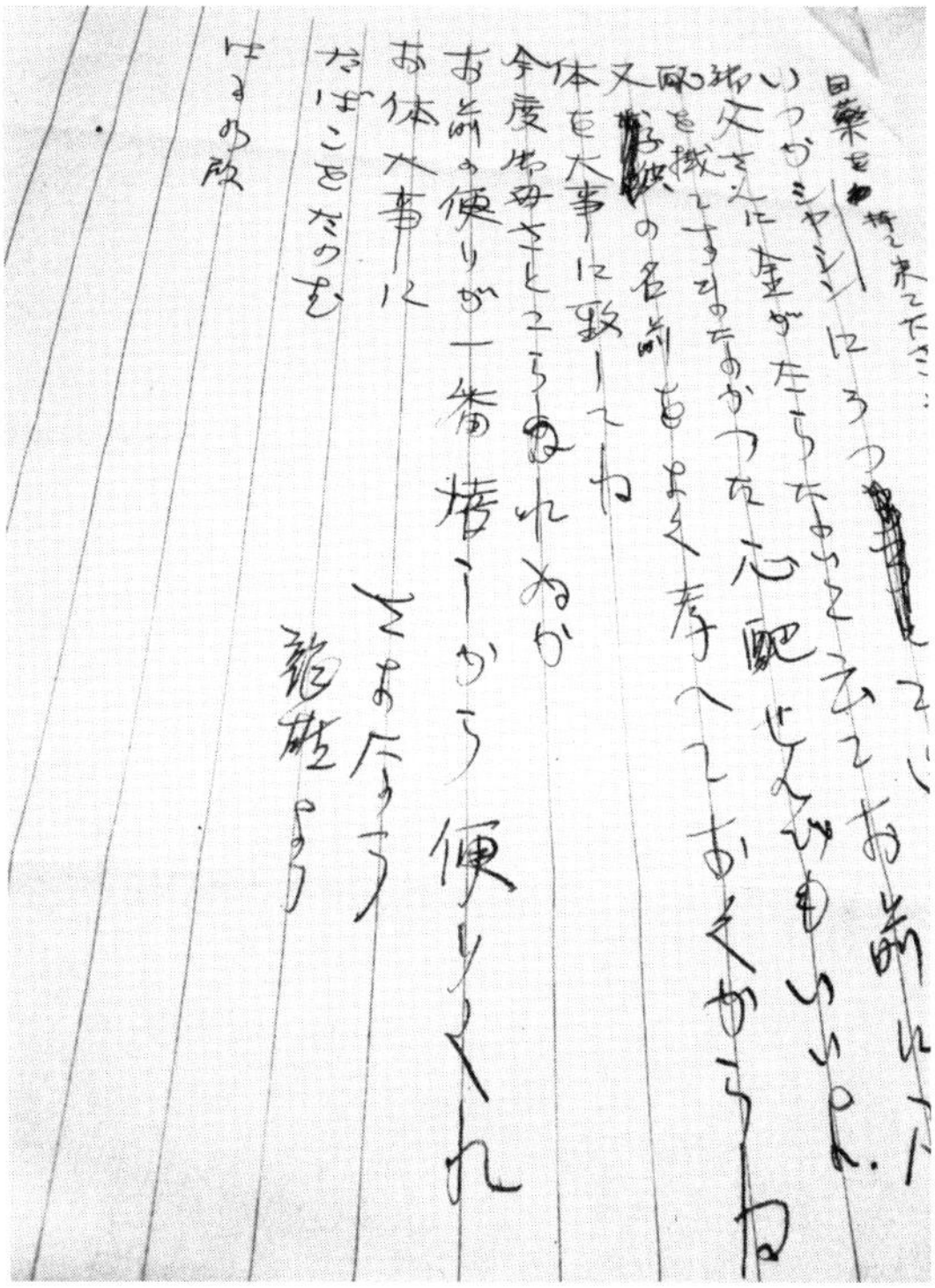

近藤龍雄さんが出征していた中国から妻のハルノさんに宛てた手紙.「子供の名前をよく考えておくからね」「お前の便りが一番嬉しいから便りくれ」などと記されている. 一度除隊となり郷里の柳川に帰ったが, その後再召集され硫黄島に渡り, 戦死した

かし一九四四年六月に再召集された。すでに日本の敗色は濃厚だった。それでも為政者たちは戦争を続けるべく、民間から兵士をかき集めた。龍雄は「出征前、長いこと仏壇の前に座っていた」という。行き先は硫黄島だ。

「硫黄島で、龍雄さんはどんな気持ちだったのだろう」。筆者は取材をする中で、何度もその心中を想像した。硫黄島に向かうとき、長男の泰典は五歳。妻のハルノは次男の正敏をおなかに宿していた。「自分が死んだら、妻や子どもはどうやって生きていくんだろう」。米軍の攻撃が増えていく硫黄島で、そんな不安を抱えていたに違いない。

さらに調べたところ、龍雄の硫黄島での所属部隊が分かった。「陸軍混成第二旅団中迫撃砲第二大隊」。一九四四年六月二一日、福岡県の久留米で編制された。同年七月一〇日、横浜港を出港し同月一四日、硫黄島に渡った。同隊の配置が硫黄島の大坂山地区であったことも判明した。

鑑定ができるのに放置

注意すべきは、ここまでの龍雄の足取りが、行政が保管する資料によって明らかになった、ということだ。

龍雄のように、戦没した状況が詳しく分からない遺族は今もたくさんいるはずだ。「第三者である新聞記者が調べてここまで分かるのならば、行政がその気になればもっと早く詳しく分かっただろう。遺族を探し出して、戦没者の最後の状況を分かっている限り伝えるべきだったのではないか」。そう思った。

　ともあれ龍雄が所属していた部隊が、硫黄島のどこに配置されていたのか、少なくとも記録上は判明した。

　さらに取材を進めると、別の重大な事実が分かった。二〇一八年一二月の時点までに、厚労省は龍雄の所属部隊が配置されていた大坂山地区で約二〇〇体の遺骨を収容しており、そのうち二六体はDNA鑑定が可能である、ということだ。しかし、その二六体の遺族を探し出し、DNA鑑定を呼びかける、ということはしていなかった。またする意志もなかった。

　このことは筆者にとって衝撃であった。行政による、驚くべき不作為である。

　硫黄島に限らず、ある場所で鑑定可能な遺骨が収容された場合、その場所にどの部隊が配置されていたかを調べ、さらにそこに所属していた戦没兵士の遺族を探し出すべきではないか。そして「DNA鑑定をしませんか?」と呼びかけるべきだ。前述のように一新聞記者が探し出せた以上、国が本気になれば遺族探しはより容易にできるだろう。ところが厚労省が遺族に鑑定を呼びかけるのは、遺骨と一緒に身元の特定につながる遺品が見つかった場合に限ってのことだった。しかし、そんな遺品はめったに見つからない。

　そもそも遺族の多くが、DNA鑑定が行われていること自体を知らない。近藤家がそうであったように。一から一〇まで消極的な姿勢では、せっかく遺骨を収容しても、「無縁仏」が増えていくだけではないのか。

「いったい、何のために遺骨を収容してきたのか。大坂山の二六体をどうするつもりだったのか。収容した数を増やして実績を誇示したいだけなのか？　面倒だから、鑑定の呼びかけをしないのか？」という疑問を持ち、憤りも感じた。

龍雄の場合、さらに重要なのは、近しい肉親が健在であることだった。弟の近藤静男、長男の泰典、次男で恵美子の父親の正敏、長女の金子テルコ。筆者の取材でＤＮＡ鑑定のことを知ると、いずれも強く鑑定を望んだ。

戦没した龍雄が所属していた部隊が硫黄島のどこに配属されていたのか、資料で確認できた。その地域で収容された、鑑定可能の遺骨もある。鑑定を希望する親族もいる。

「沖縄の一〇地域と同じ状況です。なぜ鑑定ができないのですか」。

筆者は厚労省の幹部にそう疑問をぶつけた。するとその幹部は「御遺族のお気持ちは分かります」としつつ、現状では応じられない、と話した。「［遺品なしで鑑定をすることは］沖縄で試行的に行っています。成果を見て他の地域に適用するかを決める」という方針を述べるだけだった。

予算は限られている。後述するようにＤＮＡ鑑定を行う体制も不十分で、大学に籍を置く法医学の専門家がいわば本業の傍ら、高い使命感で行っている。「遺品縛り」を一気に外せば、鑑定の申請が増える可能性が高い。現状の体制では対応できない。厚労省はこの時点で、そう判断していたのだろう。

しかしそれは役所の論理、都合だ。国によって身内が戦争に動員され、帰ってこなかった遺族にとってそんな論理は通用しない。

「「成果を見て」って……。遺族は高齢化しており、もたもたしていたらせっかく収容した遺骨を返す相手がいなくなってしまいます」。龍雄の孫の恵美子は、そう話した。

遺族さえ自由に渡れない島で、米映画がロケ

恵美子の話、祖父のことを思う気持ちを聞いていて、筆者が思い出したのは、かつて硫黄島で見た光景だった。

筆者が初めて硫黄島に渡ることになったきっかけは、二部作のアメリカ映画、「硫黄島からの手紙」と「父親たちの星条旗」(いずれもクリント・イーストウッド監督)であった。二〇〇六年公開の両作品は、硫黄島(東京都小笠原村)における第二次世界大戦の激戦を日米双方の視点から描いた。

硫黄島に渡ることは非常に難しい。アメリカとの激戦からの生還者や遺族、元島民でさえ、自由には渡ることができない。理由はいくつかある。たとえば島には民間船などが利用できる船着き場がない。水も、八〇年近く前の戦争当時と同じく雨水が頼りだ。多数の人間を受け入れることは難しい。そして最大の理由は、同島が自衛隊の基地であることだ。

二部作は、公開前から話題を集めていた。筆者は当時、毎日新聞の大阪本社学芸部に所属していた。その大阪本社発行の新聞で映画に関連した企画記事を掲載することになった。筆者は映画担当ではなかったが、自分の意志ではなく、当時の上司の判断で担当となった。それまでに戦争関連の記事、た

とえば戦艦「大和」の元乗組員たちに聞き取った記事などを連載していたことからの任命だった。

映画がらみのこの企画記事を一応の形にするのは、さして難しくない。

たとえば、①硫黄島の戦史に詳しい専門家、②映画関係者、③硫黄島戦の生還者のいずれか、もしくは複数にインタビューする。さらに映画のあらすじを紹介する。写真を適宜使う。専門用語などに脚注をつける。年表も使う。

そうしたものをそろえれば、硫黄島に行かなくとも紙面は十分にできあがる。「渡島しろ」と会社から指示されたわけでもない。だが筆者は「これを機会に、硫黄島に行こう」と思った。この島は大日本帝国の戦史に関心のある人ならば、おそらく誰しもが行ってみたい場所だろう。筆者はそうだった。それで、硫黄島に渡る企画書を社に提出した。

ただ、「たぶん採用されないだろう」とも思っていた。筆者が出したのは、毎日新聞の社有機で自衛隊の滑走路に離着陸し、取材する企画だ。しかし前述のように、島に行かなくてもそれなりの企画記事はできる。それは会社も知っている。あえて行くとなると人件費や燃料費もかかる。あまり考えたくなかったが、もし事故になれば労災だ。会社として、そんなコストがかかる企画は通さないだろうと思っていた。

それでもあえて申請したのは、「ここで、時宜にかなったまっとうな企画を立てて提案すれば、たとえそれが却下されても提案したこと自体が実績になる。自分が何に関心を持っていて、何をしようとしているかを会社に伝えることが大事だ。たとえば四年後の二〇一〇年か九年後の二〇一五年、戦後六五年、七〇年の節目に同じような企画を立てる伏線にもなる」と思っていた。

ところが、企画は社内であっさりと採用された。筆者は実現に向けて、すぐさま防衛庁（当時）に申し込んだ。交渉のため大阪から東京の防衛庁に向かう新幹線の中で、筆者は心の中でスキップするような気分だった。「すごい。硫黄島に行けるんだ」と思い込んでいた。しかし、こちらはにべもなく断られた。

担当者の口調は丁寧だった。しかし、「何を言ってるんですか、あなたは。無理に決まってるでしょ」という心の声が聞こえるような対応ではあった。ただ冷静に考えれば、断られるのは当たり前なのだ。

硫黄島は、今も昔も日本防衛の要衝であり、自衛隊の基地である。また硫黄島でなくとも自衛隊の基地に、民間機が簡単に離着陸できるはずがない。さらに言えば、筆者が渡島を思い立った二〇〇六年は、前述の映画が話題を呼んでいたこともあり、硫黄島が注目されていた。「メディアの取材要望に応えていたら、硫黄島基地本来の責務に支障をきたしかねない」。防衛庁の担当者は、そう考えたのかもしれない。

筆者が渡島できた理由

とはいえ、簡単に引き下がるわけにはいかない。硫黄島は戦後六〇年以上が過ぎてなお、戦争の跡が生々しく残っている。いまだ日本軍兵士ら一万体以上の遺骨が眠っている場所だ。大日本帝国の戦史を取材、研究する記者として何としても行きたい。しかも、会社では企画が通っている。「この機会を逃すわけにはいかない」と筆者は、交渉のためのカードを次々に切っていった。

最初のカードは「熱意」だった。「興味本位ではありません。戦後六〇年、映画もあって硫黄島とあの大戦に関心が集まっています。これを機会に特集記事を書くにあたって、現場の臨場感が必要です。戦争の悲惨さを訴えるためにも」と訴えた。硫黄島以外の戦史についても取材、執筆を多数していることも説明した。これが本当の気持ち、取材の動機だった。しかし許可は得られなかった。

記事は二〇〇六年一二月八日朝刊と決まっていた。締め切りから逆算して、「今日だめならば、あきらめるしかない」と思い、筆者は防衛庁との交渉に臨んだ。最後の機会と思っていた。そこで最大のカードを切った。

「ところでクリント・イーストウッド監督は、硫黄島でロケをしたんですね」。

その意外な事実を、筆者は防衛庁との最後の交渉の直前、硫黄島戦没者の遺族から聞いていた。前述のように、硫黄島には遺族であっても、渡島がままならない。墓参さえ、自由には行けない。かつてそこで暮らしていた旧島民、硫黄島を故郷とする人さえも同様である。「しかし、その島でアメリカ人の映画監督がロケをした……。防衛庁はそれを許可した……。おかしい。不公平、不当ではないのか?」。

そういう疑問をぶつけたところ、防衛庁の担当者はとたんにしどろもどろになった。

「いや、あれは……。外務省が……」。

この問答の後に防衛庁の許可がおりて、渡島できることになった。筆者は、防衛庁との交渉の中でこれ以外にもさまざまなカードを切っていた。それらが相まっての許可であった。ただ、この映画の件がもっとも影響があったと感じた。

さてイーストウッド監督ロケの一件は、撮影から一三年後の二〇一九年三月二〇日、国会で詳細が明らかになった。

参議院の厚生労働委員会で、立憲民主党の川田龍平議員が質問した。川田は、戦没者遺骨の身元を特定するためのＤＮＡ鑑定について、体制の整備と強化を国に繰り返し求めている。その一環の質問であった。

川田「硫黄島について、防衛省が許可をしないと上陸できないことになっていますが、二〇〇五年にクリント・イーストウッド監督の「硫黄島からの手紙」の撮影隊に上陸許可を出しています。遺族や遺骨収集や火山研究家以外の民間人に許可を出さない原則であるにもかかわらず、なぜアメリカの撮影隊には許可を出したのでしょうか」。

政府参考人（平井啓友・防衛省施設監）「お答えします。一般論としては、自衛隊施設の国以外の者による使用については、個別の事情を勘案の上、部隊の運用や訓練等の任務に支障のない範囲において許可することとしています。

御指摘の映画の撮影に関しましては、平成一七（二〇〇五）年四月、在日米国大使館より外務省を通じて支援要請があり、平成一八(二〇〇六)年二月に撮影関係者から海上自衛隊の方に着陸申請があったことから、その目的を勘案した上で、部隊の運用や訓練等の任務に支障のない範囲において許可をしたと、そういうことでございます」。

「どうやったら硫黄島に行けるんですか?」。

筆者は、他社の記者から何度かそうきかれたことがある。「アメリカ映画のロケの依頼を受けて、防衛省が許可しています。国会のやりとりで政府が認めています。日本のメディアである我々だって、手続きを踏めば防衛省は断れないはずですよ。もしも拒否されたら「毎日新聞の記者は自前の飛行機を使って取材していますよ。どうしてこちらはダメなのか。不公平ではないですか」と主張したらいいと思いますよ」、と答えることにしている。一回でも多く、一人でも多くの人に硫黄島を訪れてほしい。発信できる人にはしてほしい。そういう気持ちから、助言をしている。硫黄島は「未完の戦争」の象徴であるからだ。

初めての渡島

さて渡島の許可を得た筆者は二〇〇六年一二月六日、大阪・伊丹空港から毎日新聞の社機で島に向かった。

硫黄島は東京から一二五〇キロ南。第二次世界大戦末期の一九四五年二~三月の一カ月余り、日本軍守備隊と上陸した米軍との間で激戦が続いた。日本軍は栗林忠道陸軍中将を最高指揮官に、陸海軍のおよそ二万二〇〇〇人。米軍の総兵力は一一万人に上った。日本軍への補給はほぼゼロ。対する米軍にはふんだんにある。圧倒的に不利だったが、栗林中将の作戦が奏功した。すなわち、総延長一八キロに及ぶ地下壕を掘り、そこを拠点として持久戦を展開したのだ。

上陸前、米軍は執拗な攻撃を加えた。洋上から戦艦の艦砲射撃、空からは航空機による爆撃と銃撃。すでに日本軍は甚大な被害を負っている。五日で占領できるだろう。米軍がそう考えて上陸したところ、地下にこもりそうした攻撃を避けていた日本軍は一斉に反撃を開始した。こうした戦闘の様子は、前述したイーストウッド監督の映画二部作が詳しい。

筆者も、こうした硫黄島戦の概要は知っていた。しかし、実際に島を訪ねると新たな発見があり、また「ああ、こういうことなのか」という驚きがたくさんあった。また写真などであらかじめ知っていることでも、現場で実物を見ると感じるものが違った。

擱座《かくざ》した米軍の戦車。コンクリートが砕かれた日本軍のトーチカ。弾痕がまがまがしく残る摺鉢《すりばち》山の山肌。赤茶けた沈船……。戦争が終わってから六〇年以上が過ぎていても、そこには戦争の痕跡がはっきりと残っていた。

渡島した日、本土は真冬が近づいていた。硫黄島は、筆者が持参した温度計でこの日二五度。「夏日」である。島北部、栗林が司令部を置いた地下壕に入った。狭い。立って歩けるところはほとんどなく、這って進むところもあった。筆者は「閉所恐怖症」ではないが、この時は恐怖感があった。

擱座した米軍の戦車(2020 年 10 月．提供：共同通信社)

「この上の岩が崩れてきたら、どうなるんだろう」、と。

地下壕に入って五分もたつと、汗が噴き出てきた。薄手のワイシャツがべっとりと肌にくっつく。「サウナの中で服を着たまま動き回ったら、こうなるだろうな」という感覚だった。猛烈に蒸し暑い。

地下壕の壁を見た。つるはしなど、人力で掘ったあとがはっきりと残っていた。まさに「サウナの中の労働」をしていたのだ。

さらに、島には水が満足にない。非常に過酷だっただろう。援軍の見込みはまずない。それどころか、武器弾薬の補給がない。精神面のつらさも相当なものだっただろう。米軍が上陸してからは、あるいは上陸の前にも、日本軍兵士は死を覚悟したはずだ。

「どんなにつらかっただろう。どんな気持ちで戦ったのか。本土には、待っている人もいただろうに……」。地下壕で這いつくばりながら、筆者はそう思った。

「せめて、ご遺骨だけでも遺族に返さないと。どうして、今もここにたくさん埋まったままなんだろう」。そうした疑問も持った。

遺骨収容で見た光景の衝撃

記事は、予定通り掲載された。筆者にとってこれはゴールではなく、硫黄島取材、戦没者遺骨取材のスタートとなった。硫黄島の戦いから生還した日本人はおよそ一〇〇〇人。後述するように、筆者はこのうち三人に話を聞くことができた。遺族にも取材を続けた。

その流れの中で、二〇一〇年一二月一四日に再び硫黄島に渡ることができた。民主党政権の菅直人《かんなおと》首相(当時)が遺骨収容の現場を視察するにあたり、同行記者団に加わったのだ。同行した記者の多くは、政治部所属のいわゆる「首相番」であった。筆者は政治部に所属したことはなかった。それでも参加できたのは、当時首相補佐官で硫黄島の遺骨収容特命チームのリーダーを務めていた、阿久津幸彦《あくつゆきひこ》衆院議員が声をかけてくれたからだ。

後述のように、菅首相は硫黄島の遺骨収容に力を入れていた。筆者はこの問題について阿久津に取材をしたことがあり、その縁で声をかけられた。首相番は、政治部の記者が務める。戦没者遺骨収容を含めた戦後補償問題は、社会部の記者が中心となる。筆者は両部とも所属したことがなかった。

一般に新聞記者は部間の異動や部内の担当替えが多く、一つのテーマ、たとえば遺骨収容の問題を長く取材することは難しい。しかし筆者は、二〇一〇年の時点で五年近く取材を続けていた。それを知った阿久津は、「栗原さんのような記者に、現場を見てほしいんだ」と、誘ってくれたのだ。

この時の渡島では、二〇〇六年の最初の渡島では見ることがなかった遺骨を多数見た。島の中央部にある自衛隊滑走路の西側の現場に着くと、黒土の上に、掘り出された膨大な遺骨が並べられていた。日常生活の中で見ることはまずない大量の遺骨を前にして、筆者は衝撃を受けた。太く長い、太腿《ふともも》の骨。頭蓋骨《ずがいこつ》には、治療痕の見られない歯がしっかりと残っていた。「硫黄島で戦死した二万人余りの兵士」という無機質の数字ではない、一人一人の人間が生きていて、ここで死んだという現実が、頭の中でむくむくと立ち上がってきた。

さらに驚いたのは、遺骨を掘っているのが遺族、つまり島で父親を亡くした子どもたち——多くが七〇歳前後の高齢者だったが——であることだ。たとえば七四歳の男性は、一〇年以上前から父の遺骨を求めて収容に参加していた。「年を追うごとに骨がもろくなっている。あと五年もすれば土に還ってしまうのでは」と心配していた。

筆者は漠然と、戦没者の遺骨は政府の職員が掘っているのだと思っていた。そういう職員もいるが、実際は遺骨収容では長い間、遺族が主力となっていたのだ。もちろん、遺族たちは自分の意志で参加している。しかし筆者は思った。「本来ならば、国が事業として専従者を置いてでも続けるべきことだ。それを高齢の遺族に頼っているとは……。収容が進まないわけだ。日本の戦後は、決定的に間違っていたのではないか」。

戦没者遺骨の問題を本格的に取材し、発信しよう。そう決意した筆者は「書くからには、自分も遺骨を掘ろう。遺族と一緒に、同じ現場で同じ目線で掘ろう」と決めた。二〇一二年七月、遺骨収容団の一人として三度目の渡島をした。その詳しい経緯は拙著『遺骨』に譲るが、一つだけ印象深い場面を振り返りたい。

遺骨収容団は五〇人ほどで、うち一〇人近くが遺族だった。父親の記憶がまったくないか、ほとんどない遺族が多かった。現場は非常に過酷だ。南の島の真夏。立っているだけでも暑い。しかし作業は長袖、長ズボンにヘルメットをかぶる。サソリや巨大なムカデなどの毒虫、強い陽射し、不発弾があるためだ。

そんな苦労をして遺骨を収容しても、身元が分かることはほとんどない。科学的に身元特定をするにはＤＮＡ鑑定が必要だが、厚生労働省が前述の「遺品縛り」をしているため、遺族が苦労して掘り起こした遺骨でもほとんどの場合は鑑定の対象にならないためだ。鑑定の結果「身元が特定できませんでした」というのではなく、そもそも多くの場合に鑑定自体が行われないのである。

「見つかった骨はみんなお父さんだと思う」

筆者は、その事実を知っていた。だから質問したかった。「遺骨が見つかっても、身元はおそらく分かりません。どう思いますか」と。それで遺族の気持ちを聞きたかった。つらい、やるせない、国の薄情さが許せない……。そうした感想が返ってくるのだろうと思っていた。そうした思いを聞き、記事に盛り込むことができれば、戦争の悲惨さを訴える説得力が増し、国の無作為が浮きぼりになる。そう考えていた。

しかし遺族の心中を想像すると、「どう思いますか」、とは聞けなかった。

遺骨収容団に、女性の遺族が参加していた。七〇歳。四回目の参加だ。父親の記憶はほとんどない。ときおり穏やかな笑顔を浮かべる、静かな人だ。この人が、筆者が聞きたいことを察してくれたのか、ぽつりと話した。

「どの骨がお父さんのものか分からない以上、みんなお父さんだと思って拾ってるんですよ」。

同じ言葉を聞くとしても、たとえば東京都内のビルの中で聞くのと、硫黄島の遺骨収容の現場、遺骨が文字通り数え切れないくらい見つかる現場で聞くのとでは、衝撃の大きさが違う。

「美しい家族愛」と、女性の言葉をとらえる人がいるだろうか。

筆者はそう思う。ただ一方で、「遺族は、こんな気持ちで遺骨を探しているのか。「みんなお父さんの骨だと思う」って、それでは永遠に探し続けなければならない。ゴールのないマラソンを走っているようなものじゃないか」とも思った。そして「戦争は終わってない。今も苦しんでいる人がたくさんいる」ということを確信した。この時、筆者は新聞記者になって一七年目。記者人生の折り返しを過ぎたところで、記者としてやりたいことはいくつかあった。しかし「未完の戦争」の実態を伝えることを、記者としての役目にしよう。そうはっきり覚悟したのは、この時の体験だった。

さらに憤りがわいてきた。「こんな過酷な環境で、見たこともないか、ほとんど記憶のない肉親の遺骨を、遺族が探しているなんて。戦後七〇年近くたっているのに。なんで今まで、国としてもっと力を入れて遺骨収容をしなかったんだ。諸事情で収容が難しい外国や、国交のない地域ならともかく、ここ硫黄島は日本の領土、首都東京の一部じゃないか」と。

一体でも多く収容する。一人でも多くの遺族にそれを返す。それが国の責務であり、それに少しでもつながるような報道をしなければならない。そう感じた。

硫黄島でも「遺品縛り」をほどくために

近藤龍雄のことに話を戻そう。祖父である龍雄の遺骨を見つけるために、ＤＮＡ鑑定をしてほしい。そう望む近藤恵美子の依頼を、厚生労働省は断った。「遺品が見つかっていないから」が理由だった。沖縄県では一部とはいえその「遺品縛り」を外して鑑定を始めていたのだが、「その成果を待ってから」というのが同省の言い分だった。

「埋葬記録や遺品がないとＤＮＡ鑑定をしない、という後ろ向きの姿勢を改めさせなければならない。沖縄の一〇地域で試行的にやっていることを、すべての地域に拡大させなければならない。取材で、一〇地域と同じ条件は整えた。近藤龍雄さんたちのこのケースは、そのきっかけになり得る」。そう思った筆者は、

①龍雄の遺品は見つかっていないが、所属部隊の硫黄島における配置が分かっていること

②その場所でＤＮＡ鑑定が可能な遺骨が収容されていること

③龍雄の遺族が鑑定を望んでいること

④沖縄では、遺品がない遺骨でも部隊記録などの資料でＤＮＡ鑑定を行っていること

を伝える記事を書き、二〇一九年二月一八日、毎日新聞朝刊の一面と社会面に掲載された。

「これで、厚労省は硫黄島でも遺品なしのDNA鑑定を拡大せざるを得なくなりますよ」。筆者は、近藤恵美子にそう話した。また東京都内で講演した際に、集まってくれた人に上記の記事を読んでもらい、話した。「国は必ずDNA鑑定を拡大します。そうでなければ国が差別を拡大することになりますから。見ていて下さい」。

この記事はゴールではない。政府が戦没者遺骨を一体でも多く遺族に返すために、DNA鑑定を拡大するためのスタートにしなければならない。そう思っていた筆者は、この記事を活用すべく、厚労省の担当者に言った。

「条件は沖縄の一部地域と同じです。つまり、部隊記録によって戦没者がどこにいたかが判明しました。しかも当該地域で遺骨が収容されています。硫黄島のこのケースも鑑定をすべきではないですか」。

「……部隊が最後までそこにいたかどうかは分かりません」。

担当者はそう話した。確かにその通りだ。しかし、そうだとしても技術的に鑑定が可能な遺骨の鑑定を怠る理由にはならない。実際、沖縄の一〇地域では部隊がそこにいたという記録を基に、遺品なしの鑑定に舵を切っているのだ。

大坂山地区は、米軍が上陸した南海岸の北方およそ四キロにある。砲台があり、日本海軍の軽巡洋艦などが搭載していた、イギリスアームストロング社製の「一五センチ砲」が置かれていた。同砲は日本軍守備隊の中では貴重な大砲だった。さらに龍雄が所属していた迫撃砲部隊も展開しており、上陸間際の米軍に多大な損害を与えた。また守備隊の最高指揮官だった栗林は司令部を島の北端に置いており、大坂山地区はその司令部に向かって北上してくる米軍を抑える上で極めて重要な位置にあった。

島内に残る砲台跡(2013年3月．提供：共同通信社)

しかし米軍上陸後、二週間足らずの三月一日に大坂山は占領された。この時点で守備隊の多数の兵士が戦死していただろう。『戦史叢書　中部太平洋陸軍作戦〈2〉』によれば、龍雄が所属する中迫撃砲第二大隊に残る砲はたったの一門となり、弾薬も欠乏した。そこで生存者約三〇名は北地区に転進した。

龍雄はどうだったか。福岡県の「死亡者原簿」には「昭和二〇年　三月十七日　硫黄島　戦死」と書かれている。島のどこで戦死したかは記されていない。厚労省の担当者が言うように、最後は大坂山地区にはいなかったかもしれず、だとすれば同地区で収容された遺骨の中には含まれていない。龍雄以外の戦死者にも命日が「三月十七日」という例がある。これは、栗林が大本営に訣別電報を発した日である。兵士一人一人の正確な死亡日時を特定することが困難なことから、推測で同日にしたものとみられる。

確かに、龍雄が最後まで大坂山地区にいたとは限らない。しかしある部隊が最初の配置から戦況に応じて別の場所に移った可能性があるのは、厚労省が遺品なし鑑定を拡大した沖縄の一〇地域でも同じことだ。

たとえばA部隊が、一〇地域の一つであるX地区に配置されていたことを示す資料が見つかったとしよう。担当者の言い分がまかり通れば、「A部隊がX地区に最後までとどまっていたかどうかは分からない。B地区に移ったかもしれない。だから、X地区で収容された遺骨のDNA鑑定はしない」ということになってしまう。実際は、厚労省はそういう可能性を踏まえつつも沖縄では一〇地域での鑑定拡大に踏み切ったのである。であれば、硫黄島でもそれを行うのは当然のことだ。

厚労省の方針転換──「毎日新聞のおかげです」

記事はその後、国会で取り上げられた。二〇一九年三月一四日、参議院の厚生労働委員会で川田龍平議員（立憲民主党）が質問に立った。

川田は「DNA鑑定について、これはかつて歯のところでなければしないということだったのが、ようやく四肢骨［両手足の骨。アメリカや韓国は対象にしていたが、日本は対象外だったので課題になっていた］までDNA鑑定をするようになって、そして今、遺品がなくても、これは沖縄の四地域ではこれに先行して今ＤＮＡ鑑定をするということになっていますが。先月一八日の毎日新聞の記事、一面トップにありました。硫黄島で発見された遺骨に関して、これ厚生労働省が遺品のないものについてＤＮＡ鑑定をしないとしていますが、この硫黄島の遺骨、二六体分がこれ焼かれずに残っています。この遺骨のＤＮＡを鑑定すれば身元が明らかになるかもしれないという、また生存している御遺族の方が強く希望しているにもかかわらず［遺品がないから鑑定をしないが］、遺品の有無を問わずにＤＮＡ鑑定を行うべきではないかと考えます」と述べた。

根本匠厚労相が答えた。沖縄での試行的な鑑定で遺骨の身元特定ができていないことに触れつつ「南方等の戦闘地域の戦没者遺骨のＤＮＡ鑑定については、沖縄における試行的取組の結果も踏まえると、なお検討すべき課題も多いと考えています。今年度末までに一定の方向性をお示しする予定であり、専門家等の御意見も聞きながら検討を行っております。なお、ＤＮＡ鑑定を希望する御遺族のＤＮＡデータを国が保有することについては、ＤＮＡは究極の個人情報でありますので、慎重な検討が必要であると考えています」。

筆者はこの委員会を傍聴していた。「長々と慎重に検討している間に、遺骨を受け取るべき遺族が亡くなっていきますよ。遺族がいなくなるのを、待ってるんじゃないですか？」と言いたかった。

実際、報道の後の二〇一九年末、龍雄の弟・静男が九一歳で亡くなった。

川田はなおも強い口調で続けた。「大臣、是非ここは大臣の決断でこの硫黄島のこと、是非これ決断していただきたいと思うんです。もう本当に遺族の方どんどん高齢になっていて、もう本当にこの御遺族がいない場合に、帰ってきたとしても、返すことができなくなってしまうんですね。大臣、一日も早く、この近藤龍雄さんの例ですけど、所属部隊も分かっているんですね。陸軍混成第二旅団中迫撃砲第二大隊ということで、ここまで、部隊まで分かっていて、そこにいるかもしれないということが分かっている遺族にとっては、本当にもう最後の望みですよね。是非、大臣、これ決断してください。いかがですか」。

根本厚労相「検討すべき課題が多いんですが、今年度末までに一定の方向性をお示しする予定であり、専門家などの御意見も聞きながら今検討を行っております」。

根本厚労相が約束したのは「方向性を示す」ことでしかない。だがこの答弁を聞いて、筆者は「遺品なしでのＤＮＡ鑑定を、硫黄島でも行うことになる」と確信した。

この場合の「方向性」とは、要するに鑑定を拡大するかしないの二通りしかない。

硫黄島は沖縄と同じ日本国内である。かつ鑑定を拡大した沖縄の一〇地域と、硫黄島の少なくとも大坂山地区は同じ条件がそろった。すなわち戦没者の所属部隊と、その部隊がどこに配置されていたかが毎日新聞の報道で明らかになったのだ。さらに、その地区で鑑定可能な遺骨が収容されていることまで明らかになった。この上、「検討したけれども、硫黄島では鑑定は拡大しません」という結論は出せないだろう。筆者はそう考えた。それは差別の上に差別を重ねるような暴挙である。

ただ、楽観していただけでなく、鑑定拡大につながるような取材を進めた。すると同月二二日、再度、参議院予算委員会で筆者の記事が取り上げられた。質問したのは同じく立憲民主党の白眞勲《はくしんくん》議員。

川田議員同様、長く戦没者遺骨の収容と身元特定、遺族への帰還を政府に訴えている議員だ。

白議員「戦没者の御遺骨についてお聞きします。この報道〔前掲二〇一九年二月一八日毎日新聞朝刊〕は事実ですか」。

八神敦雄（厚労省官房審議官）「硫黄島におきまして、今までに実は遺骨の鑑定をした件数は四件、ただ、これは遺留品があるものでございますので、遺留品がない場合につきまして鑑定をしたものはないというのは事実でございます」。

白議員「ＤＮＡ鑑定を拒んでいるのかということを聞いているんです」。

八神審議官「ＤＮＡ鑑定につきましては平成十五年から始めてございますけれども、現在、遺留品がない場合についてはは沖縄で試行的に平成二十八年度から実施をしてございます。遺留品がない場合については、二十八年度、沖縄で四地域、それから二十九年度は十地域、かつ広報をしながら働きかけ、呼びかけをして、希望されている方にやってございますが、ほかの地域ではまだこれはしてございません」。

白議員「何でしないんですか」。

八神審議官「南方等の戦闘地域におきましては、今沖縄で試行をしてございます、この試行の状況も踏まえながら考えるということでございますので、現在においてはまだしてございません。（中略）また、ＤＮＡ鑑定につきましては、ＤＮＡ鑑定、例えば犯罪捜査のように現に生存している方とその遺留物というようなものであれば比較的分かるものでございますが、南方の骨でございますと、結構傷んでいて、ＤＮＡを抽出しても例えば欠落をしていてきれいにＤＮＡが取れないというようなことであったり、あるいは、古い遺骨でございます、御遺族の方との関係が離れていくとなかなかＤＮＡが合うケースが少ないというような、条件が悪いこともございます。そういう中でこれ広げて、対象を広げていくということになりますと、同じような程度で可能性があるというような方が複数見付かるというようなこともございます。そういったことも踏まえて、今沖縄で試行している状況を見ながらということで考えておるところでございます」。

遺留品＝遺品に政府がこだわるには、それなりの理由があった。

たとえば犯罪捜査であれば、現場に残された容疑者のものとおぼしき髪の毛や血痕などの資料と、容疑者から採取したＤＮＡを突き合わせる。つまり生存者と当人のものと思われる資料を突き合わせる。しかし、戦没者の遺骨は当人が亡くなっているため、マッチングする相手は遺族だ。また南方などで収容した遺骨は土壌や気候などの影響からＤＮＡの採取自体が難しく、採取してもクリアなデータを取ることができない場合がままある。かといってマッチングする対象を増やすと、赤の他人のＤＮＡが一致するような誤った判断が下されてしまうかもしれない。

ことの性質上、絶対に間違えるわけにはいかない。だから鑑定結果を裏づけるような、記名のある遺品が必要なのだ。政府の言い分はそういうことで、一貫していた。

白議員「そもそも何で、沖縄で試行するというのは誰が決めたんですか。〔中略〕」。

八神審議官「沖縄につきましては、ある程度戦没者の特定ができるような資料というものが厚労省にあったと。それから、県ですとか御遺族の方からの御要望があったというようなことで開始をしたというふうに承っております」。

白議員「今回の硫黄島だって、〔前掲記事に〕陸軍混成第二旅団中迫撃砲第二大隊、出ているじゃないですか。何でやらないんですか。〔中略〕大臣、これ早くやらなきゃ駄目ですよ。そう思われませんか」。

根本厚労相「そういうことがありますので、沖縄で遺留品等がなくてもＤＮＡ鑑定を呼びかける試行と言っているように、まさにそれは、沖縄でやって、そして今回の沖縄等、沖縄の結果を踏まえて、南方等の地域で収容した御遺骨のＤＮＡ鑑定について、まさに専門家等の御意見も聞きながら、今年度末までに一定の方向性をお示しする予定であります。とにかく急いでやりたいと思います」。

絶句した遺族

このやりとりから四カ月後、そして硫黄島で戦没した近藤龍雄の記事が毎日新聞に掲載されてから五カ月後の二〇一九年七月一八日、厚労省は遺品なしのＤＮＡ鑑定を硫黄島でも行う方針を示した。

沖縄の一〇地域と同じように、軍の記録などから戦没者の対象人数を絞り込みやすい地域で実施することとしたのだ。一〇地域で見つかった遺骨のうち、この時点で八四体を鑑定したものの身元の特定には至っていなかった。前述のように、厚労省の幹部は「沖縄での成果を見てから」との方針だったのだが、その「成果」が出ないままに遺品なしの鑑定の拡大に踏み切ったのだ。

筆者は厚労省が硫黄島で「遺品縛り」を外したことを、近藤龍雄の孫、恵美子に伝えた。電話の向こうで、恵美子はしばし絶句した後、言った。「本当ですか……」。そんなことが実現するんですね」。「最低限の目標は達成しました。でも、まだこの先がありますよ。龍雄さんのご遺骨が戻ってくることが本当のゴールです」。筆者はそう話した。

「遺品縛り」を外したとたんに出た成果

さらに翌二〇二〇年四月。厚労省は中部太平洋のタラワ（キリバス共和国）でも「遺品縛り」を外した。タラワでは太平洋戦争中の一九四三年、日本軍守備隊と上陸した米軍との間で激しい戦闘があり、日本側は全滅した。米兵の遺骨収集をしている米国の民間団体「ヒストリー・フライト」が二〇〇八年から現地で埋葬地捜索や遺骨収集を行っていた。この中で一三七人の米兵の身元判明につながったという。さらにタラワでアジア人とみられる一六二人分の遺骨を発見し、米国政府を通じて二〇一九年、厚労省に提供していた。

遺品などはなかったが、同省は孤立した当時の状況から、戦没者が主に軍関係者に絞られ確認の可能性があるとみて遺族とＤＮＡ情報を照合する鑑定を実施した。日本軍の死者はおよそ四二〇〇人とされる。厚労省は二七〇〇人弱の遺族に郵送で鑑定を呼びかけた。このうち四〇〇人が応じた結果、二〇二〇年に二人の身元が特定された。

さらに翌二〇二一年には、硫黄島でも二体の身元が判明した。硫黄島では、鑑定が始まった二〇〇三年以降、「遺品縛り」を外すまでの二〇年近く、硫黄島で身元が分かった遺骨は二体しかなかった。縛りを外したとたん、たった一年でそれに匹敵する成果があったのだ。

この「成果」を受けて、厚労省は同年、「遺品縛り」を全地域で解いた。つまり沖縄の一部地域と硫黄島、タラワ以外でも現に同省が遺骨を収容し保管している地域については遺品がなくても鑑定を行うこととしたのだ。主な対象地域は旧ソ連やモンゴル、旧満州（現中国東北部）やフィリピンにミャンマー、中部太平洋のギルバート諸島（タラワ）やパラオとマリアナ諸島などだ。急激に方針を変え対象を拡大した。

「鑑定が拡大したのは、毎日新聞の報道のおかげです」。厚労省の担当者は、筆者にそう話した。

第2章 遺骨収容の戦後史

満州国建国と高まるアメリカとの緊張

日本政府は独立を回復した一九五二年、海外での戦没者遺骨の収容を始めた。本章ではその歴史を振り返っていこう。

一九三一年、関東軍（中国東北部＝満州の日本陸軍を統括する軍）の謀略により、満州事変が起きた。これをきっかけに関東軍は武力で満州を制圧し、翌年には日本の傀儡《かいらい》国家満州国が建国された。これが遠因となり、一九三三年に国際連盟を脱退し、国際社会での孤立化が進んだ。さらに一九三七年には日中戦争が勃発した。

アメリカは日本による中国侵略に反発した。イギリスやフランスなどとともに、国民党の蔣介石政権に物資を送るなど（「援蔣ルート」）、中国側を支援した。こうした中で一九三九年に欧州で戦争が勃発、ナチスドイツはオランダやフランスを破った。両国がそれぞれ現在のインドネシア（蘭印）、ベトナム（仏印）などに持っていた植民地は、一時的に宗主国がない空白地帯となった。

日本は一九四〇年九月、北部仏印に進駐した。援蔣ルートを遮断することが目的の一つだった。これに先立つ一九四〇年七月、アメリカは石油と屑鉄、銅などを輸出統制品目とした。さらには八月には航空機用ガソリン、九月には屑鉄を禁輸とした。

日本は軍需だけでなく民需でも重要物資の輸入をアメリカに頼っていたため、打撃は大きかった。日本がさらなる南進の構えを見せたため、アメリカは在米日本資産を凍結してしまった。それでも一九四一年七月、日本は南部仏印に兵を送った（進駐）。ドイツに降伏したフランスのヴィシー政府に認めさせてのことではあったが、相手の弱みにつけ込んで武力による現状変更を断行したのである。

この南部進駐を受け、アメリカは対日石油輸出を全面的に禁止してしまった。日本側はこの経済制裁をまったく予想していなかった。当時、日本は石油の九割以上を輸入に頼っており、さらにそのほとんどがアメリカからの輸入であった。禁輸は日本にとっては死活問題であり、時の近衛文麿内閣は外交交渉による関係改善を目指した。しかし陸軍の協力を得られず、近衛内閣は総辞職した。後任の首相には同内閣の陸相で、対米強硬派の筆頭であった、東条英機が就任した。

その後、日本側は仏印以外の南東アジア、南太平洋地域には進駐しないかわりに、米側は日米関係を資産凍結以前に戻す、という案をアメリカに提示した。ところがアメリカは仏印のみならず、中国からの撤兵まで求めてきた。さらに日本がドイツ、イタリアと結んでいた三国同盟の空文化と、日本の後押しによって中国で樹立された南京政府（汪兆銘政権）の否認という案を突きつけてきた。著名な「ハル・ノート」である。

海軍の中には、陸軍がこだわる中国での権益を守るためにアメリカと戦うことについて反対する意見もあった。海軍にとっては、中国の権益は大きなものではなかったからだ。だが、陸軍は頑として中国からの撤兵を認めなかった。

アメリカがここまで強硬な態度に出た背景には、一九四一年六月に始まった独ソ戦があった。日独伊三国軍事同盟と、日ソ中立条約を進めた松岡洋右外相は、この四カ国の連携によってアメリカと対峙する構想を持っていた。アメリカにとってもそれが実現すれば脅威であった。ところが独ソ戦でその可能性はまったくなくなった。さらに、アメリカの同盟国であるイギリスはドイツとの戦いで苦しんでいたが、これも独ソ戦の影響で致命的な危機は遠ざかった。アメリカとしては、日本など枢軸国側に譲歩する必要性は低下していたのだ。

願望だけの「終戦構想」で開戦

日本政府首脳で、最後まで戦争回避を模索していたのは東郷茂徳外相であった。しかしその東郷も「ハル・ノート」で「もはや立ち上がるしかない」と覚悟した。

そして一九四一年一二月八日、陸軍がマレー半島のイギリス領コタバルを、海軍がハワイ真珠湾を攻撃して対米英蘭戦争が始まった。しかし陸海軍とも、軍事力でアメリカを屈服させることができないことは分かっていた。国力が違いすぎるからである。

このため、勝てないまでも負けない戦いを目指した。まず緒戦で南方の資源を押さえ、長期不敗体制を築く。その間に有利な条件で講和する、という計画であった。それが一九四一年一一月一五日、昭和天皇臨席の「御前会議《ごぜん》」で採択された「対米英蘭蔣戦争終末促進に関する腹案」である。要するに同盟国のナチスドイツがイギリスを屈服させる。そうなればアメリカは戦争継続の意欲をなくし講和となる、というものだ。

ドイツがイギリスを破るかどうかは分からない。破ったとしてもアメリカが戦意を失う保証もない。合理的計画とはとうてい言えない「終戦構想」で戦争を始めてしまったのだ。

日本は開戦するや、北はアリューシャン列島から南はニューギニアやソロモン諸島、西はビルマ・インド国境から東は中部太平洋まで兵士を送り込んだ。ただでさえ連合軍に劣る戦力を分散させた。こちらの全体をもって相手の部分を打つ。そうした選択と集中こそが弱者が勝つ道だが、これとまったく逆の戦い方であった。

戦中派の作家で学徒出陣した司馬遼太郎が、エッセーでこの戦争を評している。すなわち「常識では考えられない多方面作戦——大空に灰を撒《ま》いたというような、いわば世界戦史に類のない国家的愚行」であった(「大正生れの「故老」」『歴史と視点』)。

司馬はさらに、この「愚行」を、「兵力の分散を避けるというのは軍事の初歩だが、かれらは足腰の立つ国民を総ざらいにして日露戦争程度の装備をもたせ、中国から北太平洋、南太平洋の諸島といった、地球そのものにばらまいてしまった。ばらまいたあと、どう始末するつもりもなかった。いかなる軍事的天才でもこれを始末できるような戦略を考えられるはずがない」と断じた。

実際の戦場では、日露戦争時にはなかった航空機や戦車といった近代兵器もあった。「日露戦争程度」という司馬の評は、大日本帝国陸海軍にとってはやや酷ではある。

司馬が言いたかったのは、あの戦争には勝ち目はそもそもなかったことであり、そんな戦争を始めた者たちの責任の重さだろう。実際、まさに近代戦の常識をちゃぶ台返しするような兵站、補給軽視の戦争であった。「政略」のみならず「戦術」「戦略」上でもゼロ点である。この無謀な戦いで、日本人だけでおよそ三一〇万人が戦没した（厚生労働省推計、日中戦争含む）。うち二四〇万人が海外（沖縄、硫黄島を含む）であった。

遺骨なし、空の箱さえ送れなかった政府

第二次世界大戦の前、日清戦争（一八九四〜九五年）と日露戦争（一九〇四〜〇五年）、第一次世界大戦（一九一四〜一八年）と、大日本帝国は一〇年ごとに戦争の当事国になった。この過程で、戦没者は現地で火葬し、遺骨を還送することが基本となった。肉親を外地で亡くした遺族の気持ちを汲《く》み、また闘い続ける兵士や徴兵される新たな兵士たちの士気を保つためにも、国として取り組む必要があった。

遺骨が「英霊」として帰ってくることは、「伝統」となった（浜井和史『戦没者遺骨収集と戦後日本』）。

しかし、日露戦争での日本側の戦死者はおよそ八万人だったが、第二次世界大戦では戦線の拡大と戦局の悪化に伴い、遺骨を収容し帰還させることが困難になった。同大戦では敗戦までの死者は海外だけで二四〇万人に上った。遺骨を入れるべき白木《しらき》の箱に戦場の石や砂などが納められることが増え、それすらない空箱のケースもあった。

さらに戦争に負けて国そのものが崩壊してしまった。敗戦後、外交権もなく国の事業として遺骨収容を行うことは不可能だった。復員する軍人や、引き揚げてくる民間人らが遺骨を携えてくるのが精いっぱいであった。

硫黄島を生き延びた兵士

ただ、海外に多数の遺骨が残っていることは知られており、国会でもしばしば取り上げられた。中でも硫黄島は、東京都心から一二五〇キロ、もともと日本の領土であったこともあってか、早くから国民の関心を引いていた。

たとえば一九五一年五月一〇日、毎日新聞の社会面に硫黄島で元兵士が自ら命を絶ったことを伝える記事が載った。

見出しは「太平洋へ〝死の跳躍〟／摺鉢山で硫黄島生き残りの山蔭君／探す〝四年の洞穴日記〟／ナゾ解けぬ彼の自殺」である。摺鉢山の山頂から投身自殺をしたのは、元海軍兵士の山蔭光福。二六歳の若さだった。

山蔭はもう一人の海軍軍人松戸利喜夫とともに、一九四五年八月一五日以降も硫黄島にとどまった。敗戦を知らなかったのだ。生活の拠点は地下壕だった。二人の命をつなぐ水は、島の北東部にある「銀名水」で得た。地下から噴き上がる水蒸気が巨大な岩によって冷え、水滴となる場所だ。衣類や食糧は米軍の倉庫から調達したという。

二人は一九四九年一月初め、米軍に投降した。大日本帝国の敗戦から実に三年半、二人は戦っていたのだ。同月二四日、ともに本土に帰還した。

硫黄島攻防戦は第4章でより詳しく見ていくが、米軍は一九四五年二月一九日に上陸した。兵力で劣る日本軍守備隊は一カ月以上にわたり戦った後、総司令官の栗林忠道陸軍中将が戦死、組織的抵抗が終わった。しかしその後も、生き残った兵士たちは苦しんだ。一九四一年、東条英機陸軍大臣(当時)が発令した「戦陣訓」などにより、日本軍兵士には捕虜になることが許されていなかった。

絶望の戦場で兵士たちがどう生きていたか。大曲覚・元海軍中尉(故人)から筆者が得た証言によれば、生きるために同じ日本軍兵士で食べ物を盗んだり盗まれたりすることがあった。死が近づいている戦友が水を求めても、あげる者はいなかった。重傷者がうめき声をあげると、首を絞めて死なせてしまう例もあった。そのままでは米軍に居場所を知られてしまうからだ。

こうした凄惨な実態の中で山蔭がどのようにして生き延びたのか、詳しく伝える資料は確認されていない。しかし、上記の体験談によって想像はできる。

岩手県出身の山蔭は、帰郷しても定職を得られなかった。一九五〇年に創設された警察予備隊(自衛隊の前身)に志願したが、不採用となった。やがて元米軍人で戦後は通信社の日本特派員記者として活動していたジョン・リッチを訪ねたところ、このアメリカ人ジャーナリストから硫黄島での四年間を書くことを勧められた。

山蔭は、四年間島で日記を付けていたことをリッチに明かした。島を離れるとき、生活していた地下壕に隠したという。日記を出版するためにそれを取りに行こうとした。しかし当時、日本はまだ連合国軍総司令部（ＧＨＱ）の占領下にあった。硫黄島も米軍の基地となっており、日本人の渡島は厳しく制限されていた。

しかしリッチが協力した結果、一泊の予定で渡航許可が下りた。戦没者遺族の墓参や遺骨収容さえ進んでいなかった時代であり、異例のことだ。山蔭は一九五一年五月七日、米軍機で渡島した。極東空軍司令部のスチュアート・グリフィンが同行した。

「死の跳躍」

グリフィンは前掲の毎日新聞に、山蔭の自殺について寄稿した。

山蔭は、かつて生活していた壕を探した。しかし地形が変化していたこともあってか、日記は見つからなかった。

「山蔭君の日記が発見できなかった時の彼の落胆は大きかった。赤と白の手製の軍旗の切れはしが出てきた時にはやや彼も落ち着きを取り戻したが、この島で探し続ける時間がなくなってきていると知った時、彼の失望は深まったようである」。

翌八日、山蔭は撮影に協力するため島南端の摺鉢山に向かった。

「いよいよ出発という八日の朝、穴居生活から身を洗おうという山蔭君を写真に撮ることになった。雰囲気をよく出すためには、硫黄島の摺鉢山までのぼらなければならなかった」。

背広姿の山蔭が、地下壕から出てくる写真が前掲の毎日新聞に掲載されている。グリフィンが撮影したものだ。記事によれば、「死の跳躍」はその直後のことであった。

「山蔭君が飛び降りたのは摺鉢山旧噴火口から約九〇メートル離れた地点であった。山蔭君は突然手をさしあげ「バンザイ」と叫びながら狭いがけの突出部から身を躍らせた。そのため落下する山蔭君の姿はマザマザと目撃された。険しいがけの中腹に同君の身体が最初に激突した時、火山灰がもうもうと舞い上がった。もちろん即死だっただろうが、その身体は何度もがけの突出部にぶつかりゴロゴロと転がりながら、落ち込んでいった。午前十時半ごろだったろう」。

衝撃的な自殺を巡っては、さまざまな臆測がなされた。本土で職を得ていたら、あるいは日記が見つかっていたら、どうだったのか……。毎日新聞の記事には「八日朝せい絶な激闘の行われた同島摺鉢山の断崖から戦友の死霊に招き寄せられるように太平洋めがけてとびこみ自殺を遂げた」とある。しかし遺書も見つからず遺言も確認されていないため、動機は分からない。

グリフィンによれば、生前こう話していたという。

「この島には［海軍の］陸戦隊七〇〇〇人を含む二万三〇〇〇人の部隊がいたが、助かったのは私のほかに一五八人しかいませんよ。そう思うと生きることがつらい」。実際の生還者は一〇〇〇人とされる。ともあれ九〇％以上の日本軍兵士が戦死する中、山蔭が生き残ったことで苦悩していたことが分かる。

山蔭の投身後、米軍は捜索隊を出した。身を投げてから六時間以上後の午後五時前、遺体が見つかり収容された。山蔭は敗戦後三年半近く硫黄島の地下壕などで生き延びた。しかし本土に帰ってから二年余で、自ら命を絶ってしまったのだ。

人を傷つけてはいけない。人を殺してはいけない。それが人間社会の決まり事だ。決まり事を守らなければ罰せられる。だが戦争は、その決まり事を破った者が評価される。人倫が通用しない世界だ。さらに仲間のほとんどは死んでしまった。その戦場に身を置いた兵士は、たとえ生き残っても心に深い傷を負ったであろう。山蔭もそうだったのではないか。現代でいうＰＴＳＤに苦しんでいた可能性もある。

「白骨の島」

さらに翌一九五二年一月三一日、毎日新聞はまたもや硫黄島における衝撃的な光景を報道した。一面トップに横見出しで「硫黄島に英魂を悼む」、縦見出しに「陣地の壁に〝お母さん〟／道路埋む白骨の砂／鬼気迫る摺鉢山洞窟」とある。前日、朝日新聞、読売新聞とともにチャーター機で渡島していた記者によるルポだ。「硫黄島は白骨と鉄の破片で埋まった島である」などと、「遺骨野ざらし」の状態を生々しく伝える内容だ。当時は戦場で肉親を失った遺族が多数いた。こうした記事は、硫黄島以外で亡くなった人たちの死に様、そして現状も想像させただろう。

記者たちのチャーター機とは別に、日本政府の調査団が同じころ硫黄島に渡っていた。僧侶の和智《わち》恒蔵《つねぞう》らである。和智は元海軍大佐で、硫黄島警備隊司令を務めたことがあった。一九四四年一〇月、異動命令があり、島を離れた。敗戦後は天台宗の僧侶となり、戦友らの追悼に奔走していた。硫黄島には敗戦三カ月後の一九四五年一一月から慰霊のための渡航をＧＨＱに申請していたが、拒否されていた。

だがＧＨＱの態度も次第に軟化し、日本政府も本腰を入れて支援した。和智に政府職員が同行し「日本軍戦没者将兵遺骸の埋葬及び引取の方法」について研究すると訴えた（浜井『戦没者遺骨収集と戦後日本』）。するとＳＣＡＰ（連合国軍最高司令官総司令部）は一九五一年一二月三日付けで硫黄島への渡航を許可した。ただ、あくまでも調査に限定し、本格的な遺骨収容は日米両政府が遺骨収容の政策に合意するまで延期すること、とされた。

これを受けて一九五二年一月三〇日から一カ月、日本政府はＧＨＱの許可を得て、アメリカの統治下にあった硫黄島に調査団を派遣した。和智と白井《しらい》正辰《まさとき》ら復員局の職員二人であった。同局は陸海軍の軍人らの、海外から日本への引き揚げ事業を推進する部署であり、第一復員局が陸軍の、第二復員局が海軍の事業をそれぞれ継承した。

白井は帰還後の三月一〇日、衆議院の「海外同胞引揚及び遺家族援護に関する調査特別委員会」で、報告を行った。白井は前掲の報道を踏まえて言う。

「私たちが島に渡りますときを契機といたしまして、御遺族はもちろんのこと、日本人の関心が硫黄島に集中されましたことは御承知の通りでございます。新聞にも写真入りで大々的に報道されました。もちろんわれわれも硫黄島におりまして内地から送られるその新聞も見ました。一般のお方があの新聞、あるいはラジオ等の報道で硫黄島というものは――（ママ）ことにその遺骨の状況はどういうふうになつているのだ、硫黄島は白骨の島である、全島至るところに白骨がごろごろころがっている。まるで死んだ島である、死の島であるという印象をお持ちの方がもしありといたしますれば、私はその人に対して躊躇なく、それは間違っている、そんなところではないとはっきり申し上げたいと思うのであります」。

白井がこれだけ強く「白骨の島」を否定しなければならなかった理由はおそらく二つある。一つは国民感情への配慮であり、もう一つはアメリカへの配慮だ。現地の米軍は、白井たちへの調査に協力的だった。「どこでも見ていい」と、米軍兵士が立ち入れないところまで許可した。そのアメリカのメンツを潰すような報道が事実として伝わると、この先の遺骨収容にもかかわる。

だから、続けてこう言った。「私たち三人が一箇月間島を歩きまわって、地表面で遺骨を発見しましたのは三箇所しかございません」。

地下はどうか。「穴のあいている中へ入れる壕にはすべてもぐって見ました。しかしたくさんの遺骨を発見できた壕はそのうちの約二十でございます」。

場所がどこであれ、そしてそれが目に付こうが付くまいが、多数の遺骨が放置されている点では同じだ。硫黄島はやはり、白井が否定した「死の島」だったのだ。

一万体の収容で「終了」――「象徴遺骨」

硫黄島もその一つだが、日本の主権回復が見えてくるころから、国としての遺骨収容の準備が整っていった。このころ、日本人の海外渡航は厳しく制限されていた。そのため個人が政府を飛び越えて、外国で組織的・継続的に遺骨を収容することはほぼ不可能であった。そもそも戦争を始めた経緯からして、国の事業として進めるのが当然ではあった。

政府による収容は一九五二年度から始まった。まずアメリカと交渉し、その管理下にある硫黄島や沖縄、サイパン、グアム、テニアン、ペリリュー島、さらにはフィリピンやボルネオ、東部ニューギニアにも政府の遺骨収容団が向かった。

この事業は一九五八年度まで七年間行われた。「第一次計画」と呼ばれる。収容団の内訳は戦没者遺族代表が四ないし六人、政府職員が六ないし一〇人、宗教関係者が二～三人であった。相手国の許可があれば、慰霊碑を建立する技術者も同行した（厚生省援護局編『引揚げと援護三十年の歩み』）。収容されたのは計一万一三五八体分の遺骨であった。海外の邦人戦没者は二四〇万人である。あまりにも少なすぎたが、政府は、それでも遺骨収容を終了させるつもりだった。

たとえば一九五八年二月一八日、参議院の社会労働委員会における政府側の答弁を見てみよう。同委員会で、片岡文重議員がフィリピンに派遣された収容団の活動について質問した。

片岡「今度の遺骨収集に当って、一応近くまで行ってどうしても入れないということで引き返してしまって、なおそのいわゆる危険区域の中には相当の遺骨があるのではないかと考えられておるにかかわらず、収集も断念したかのごとくに伝えられておりますから、断念したとするならば、この収集作業だけを断念したのであって、あと続けてさらにあきらめずに何らかの方法を講じて、残されたたとえわずかの遺骨でも収集するような努力をするのかどうか、それをお尋ねしたいわけです」。

河野鎮雄引揚援護局長は答える。「フィリピンに四十七万といわれる遺骨が眠っておるわけでございます。フィリピンに限らず、こうした遺骨収集は、すべての遺骨を持ってくるというふうなことは事実上まあ不可能なわけでございます。象徴的な遺骨を持ってくるというふうなことで、今回も大体主要な地点二十カ所程度を選びまして、スケジュールを組んだわけでございます」。

片岡はなおも重ねた。「〔遺族は〕たとえ腕の骨一本でも持ってきてほしいというのが私は情だろうと思う。しかも、それがはっきりあるということがわかっておるとすれば、どうしても持ってきてほしいという気持になるだろうと思うのだが、（中略）たとい時日はかかっても、私は収集できるのじゃないかというふうに考えるんですけれども、そういう点について、厚生省としては、一応もうやむを得ないということでこれでもう打ち切られるのですか、それとも、何らかの気長な気持でもとにかく全部を収集するという努力を続けられるのかどうか、その点を一つ聞いておきたい」。

河野「大体主要な地点には一応行って、奥地に入れないというふうな状況のように承知いたしておるわけであります。まあ全部を持ってくるということでなしに、象徴的な遺骨を持ち帰るというふうなことでございますので、ただいま申し上げましたホロ地区の、さらにまた奥をもう一回やるというふうなことまではちょっと考えにくいのじゃないかというふうに考えております」。

河野の答弁から、「第一次」で、遺骨収容をやめるつもりだったことは明らかだろう。

もともと、政府はすべての遺骨収容を目指していなかった。「とうとい遺骨の一部を、当該地域の全戦没者の象徴遺骨として、内地に奉還」（厚生省引揚援護局編『続々・引揚援護の記録』）する方針であった。

各地域である程度の収容を象徴的に行い、きりのいいところで「終了」にするという思惑、まさに「象徴遺骨」であった。遺骨は現地で荼毘《だび》に付して持ち帰った。遺骨の一部を象徴として帰還させることは、「現地慰霊の重点化」とセットであり、その後の遺骨収容のモデルケースとなった。

筆者は、この時点における政府の「終了」方針に共鳴はしない。しかし、そういう方針を打ち出す理由は分かる。「第一次計画」が行われたのは敗戦から七～一三年後のことである。日本は朝鮮戦争の特需で何とか息を吹き返そうとしていた。しかし、崩壊した国を再建するためには、限られた財政と人的資源を各政策に振り分ける上で、優先順位をつけざるを得なかった。現に生きている戦争被害者が補償や救済を政府に求めていた。インフラの整備も急務だった。戦争に伴う外国との賠償交渉もあった。こうした中で、政府は戦没者の遺骨収容は後回しにしたのだ。

もっとも、政府がこの段階で遺骨収容の優先順位を上げたとしても、収容数が劇的に上がったとは考えにくい。そもそも、戦没者の正確な人数を特定するのは不可能に近く、どれほど努力してもすべての遺骨を収容するのは不可能そのものだろう。政府も早くから不可能だと判断していた。

また日本政府が海外で遺骨収容をするために、相手国の了解を得ること自体が容易ではなかった。たとえば膨大な邦人が亡くなった中国、さらには戦後強制抑留（シベリア抑留）を行ったソ連とは国交がなく、遺骨収容どころか調査をすることさえできなかった。

しかし、遺骨収容の幕引きを図る政府の意図通りにはいかなかった。「第一次計画」が終わった後、日本は高度成長に突入していった。国民の生活は敗戦間もなくに比べれば安定してきた。戦争から生きて帰った元兵士や戦没者の遺族らが、戦友や肉親が倒れた地を訪れる機会も増えた。さらに、海外の旧戦場で地域開発が進むにつれて、戦没者とおぼしき遺骨などが発見されたという情報がもたらされた。

こうした中で、政府は一九六七年度に「第二次計画」を始めることとなった。七二年度まで行われた同計画では、八万二六七九体が収容された。さらに七三〜七五年度の「第三次計画」では九万三六二八体を収容している。複数年をまたぐ「計画」はこの第三次をもって終了した。その後は、遺骨残存情報があり、かつ相手国の事情で収容が可能な場合に限って実施することとなった。

「終了」できなかった理由

遺骨収容について、政府は第一次〜第三次としているが、あらかじめグランドデザインがあったわけではない。実情は、政府は何度も収容をやめようとしたが、やめられなかったのである。

今から五〇〜六〇年前の一九六〇〜七〇年代といえば、戦争体験者、遺族は多数生存している時代である。また日本の復興が進み、諸外国との外交関係が築かれる中で、日本人の海外渡航が増えた。元戦地で遺骨が野ざらし状態になっているという目撃談が多数あがり、メディアでも報道された。海外に置き去りにされたままの遺骨に対する関心は、現代に比べて大きかった。こうしたことから、「収容打ち切り」ということに世論の納得を得ることができず、厚生省はもともと計画になかった「第二次」「第三次」の収容を進めたのだ。

政府は第三次計画終了の後も遺骨収容を継続したものの、その後も「幕引き」を図っている。たとえば二〇〇二年度版の「厚生労働白書」の、海外の遺骨収容について書かれているくだりには、南方での遺骨収容が「おおむね終了」したとある。この時点で、フィリピンだけでも四〇万体以上の遺体、遺骨が未収容であった。厚労省のいう「南方」とはどこなのか。このくだりは、「政府が遺骨を収容するつもりのある南方に限って、収容がおおむね終了」と読み替える必要があるだろう。

さらに二〇〇五年には、尾辻秀久厚労大臣（当時）も、南方での遺骨収容について「どこかで線を引くべきだ」と表明した。収容の所管省のトップの発言だけに、波紋が広がった。

このように、国が遺骨収容をやめようとしたのは、「すべて収容することは不可能」という見通しがあったからだ。そして収容事業には「国がそれをやらなければならない」という根拠法がなかったことも影響している。

遺骨収容の根拠法――「戦後」七一年の成立

その根拠法である「戦没者遺骨収集推進法」が衆議院本会議で可決したのは敗戦から七〇年の二〇一五年九月一一日。議場では「派遣法改正案」を巡る論戦で、与野党議員の怒号が飛び交っていた。

しかし同推進法案が提案されると、雰囲気が一変した。多くの議員が「異議なし！」と力強く応じ、全会一致で可決。大きな拍手が議場にこだました。

推進法は、安保法制審議が大荒れになった余波を受け、参院では継続審議となり可決成立は翌年にずれこんだ。敗戦から七一年、遅すぎたとはいえ、遺骨収容を「国の責務」とした意義は大きい。それまでの収容の主管は厚生労働省で、とかく縦割り行政の弊害が指摘されてきた。同法案は外務省や防衛省などとの連携を義務づけた。この点でも期待が高まった。

政府がことに収容に力を入れたのが、硫黄島であった。推進法に先だつ二〇一〇年八月には、当時の民主党政権、菅直人首相の指示で政府の特命チームが発足した。菅は東京一八区選出の衆議院議員で、野党時代から硫黄島の遺骨収容の問題に関心を持っていた。「離島とはいえ首都・東京都の一部。しかも自衛隊が駐屯している。なぜ遺骨収容が進まないのか、はがゆかった」とかねてから感じていたという。

首相になった菅は、「アメリカに資料があるはず」と考えた。そこで配下の衆院議員、阿久津幸彦をワシントンの米国公文書館に派遣した。阿久津は米ジョージ・ワシントン大学大学院を修了したアメリカ通だった。「生還者の証言や伝聞だけに頼るのではなく、資料に基づいて科学的にやる。それが菅さんの方針でした」。阿久津はそう振り返る。阿久津は、公文書館で資料を入手した。それをきっかけに政府が調査を進めたところ戦時中は日本海軍の飛行場があり、今は自衛隊の基地となっている滑走路の西側におよそ二〇〇〇人、さらに激戦地の摺鉢山のふもとに二〇〇〇人の日本軍兵士を埋めた、と記されていた。この資料に基づいて発掘した結果、同年度に八二二体を収容した。前年度の五一体の実に一六倍である。二〇一一年度も三四四体、二〇一二年度には二六六体を収容した。目覚ましい成果である。ただ「もっと早く、菅と同じ発想、問題意識を持って調査、収容をしていたら。より多くの遺骨が収容され、遺族のもとに帰ったのではないか」と思わざるを得ない。

二〇一二年一二月の総選挙で民主党が大敗し、自民党・公明党の連立政権に替わった後も、政府は硫黄島における遺骨収容に力を入れる姿勢を見せた。二〇一三年三月には、「硫黄島に係る遺骨収集帰還推進に関する関係省庁会議」が発足した。首相補佐官を議長とし、厚生労働省と防衛省、外務省の担当者らが構成するものだ。最初の会合で「硫黄島は日本国内であるにも関わらず、戦没者約二万二千人のうち、約半数の遺骨収容にとどまっているため、政府としてしっかりと遺骨帰還を進める必要がある。引き続き、関係省庁が連携し政府一体となって取り組むため、関係省庁会議を設置する」ことが確認された。

硫黄島は日本の領土である。自衛隊が常駐しているが、民間人の立ち入りは原則として禁止されている。遺骨収容のために民間人に避難してもらう必要はない。つまり外国で遺骨を探すことや、膨大な人口を抱える現在の東京都心で東京大空襲の犠牲者の遺骨を収容することに比べれば、硫黄島での調査や発掘は(どれくらい収容されるかは別として)はるかに容易である。にもかかわらず、いまだに一万体以上の遺体、遺骨が行方不明なままだ。

硫黄島での遺骨収容が進まない理由

日本の領土である硫黄島――日本の首都東京の一部であり、自衛隊員が常駐しているこの島でなお一万人もの遺体、遺骨が行方不明なのはどうしてなのか。しばしば指摘されるのは、以下の三点である。

①収容事業の「空白」＝硫黄島を含む小笠原列島は、一九四五年の敗戦以降アメリカに占領されていた、一九六八年に返還されるまでの二三年間は事実上の「外国」であった。日本政府は、「外国」である硫黄島では遺骨収容を継続することができなかった。

②地理的な条件＝硫黄島は地面の隆起など地形の変化が激しい。また植物の生育が盛んである。このため、①でみた二三年間もの「空白」もあって、日本軍守備隊の地下壕を探し出すことが、年を追うごとに困難になっている。

③作業場の制約＝地下壕は狭く、また場所によっては非常に高温のため、遺骨収容をする上で危険である。

筆者は、上記の理由はいずれも当を得ていると思う。さらに言えば、「そもそも遺骨収容団の派遣が回数、人員数ともに少なすぎる」ということだ。

一九五二～二〇二一年度までに、政府は遺骨収容団を一四三回硫黄島に派遣している。派遣しなかった一九五三～六七年度、七一～七二年度と七五年度を除いて五二年間で一四三回の派遣である。最初の一九五二年度から三〇回目の一九九九年度までは一～三回であった。その後はやや増加傾向を見せ、最多は二〇一二年度の一四回である。それでも一年当たりの平均は二・七五回でしかない。一回の派遣人数は増減があるが、近年の五年間(二〇一七～二〇二一年度)で見ると二二～四〇人、派遣期間は二週間程度である。

二週間毎日、遺骨を探しているわけではない。慰霊行事などを含んだ日数である。また収容作業は日中だけだ。地下壕での調査、収容は非常に過酷であり、ずっと作業し続けることはできない。そして、作業の主力は長年、戦争体験者や遺族が担ってきた。近年は学生や社会人らのボランティアが中心になっているが、筆者自身がそうであったように、収容に慣れていない者も含まれている。

過酷な状況の下、参加者たちは強い使命感を持って収容に当たっている。支援する自衛隊員も同様だ。問題は国家としてこの事業にどれくらい力を入れるかだ。この陣容や回数で遺骨収容を続けている限り、残っているとされる一万もの遺骨を収容するのは不可能であり、その一〇分の一でさえ極めて困難だろう。

敗戦から八〇年近く、和智や白井たちが渡島してから七〇年以上が過ぎた今も、硫黄島が多数の兵士たちが行方不明のままの、「死の島」であるのは、そうした背景がある。

しかしその「死の島」では戦争前、豊かで平穏な生活が営まれていた。次章では、戦前の硫黄島の歴史を見てゆこう。

第3章　「楽園」から「地獄」となった硫黄島

一〇〇〇人以上が暮らしていた戦前の硫黄島

硫黄島は小笠原諸島の最南端、北緯二四度四七分、東経一四一度一九分、東京都心から南方に約一二五〇キロ、父島の南約二八〇キロにある。北硫黄島、南硫黄島とともに火山列島を構成する。亜熱帯海洋性気候で、年間の平均気温は二四度。南北約八・三キロ、東西はもっとも広いところで約四・五キロ、狭いところが約八〇〇メートル。最南端に標高約一七〇メートルの摺鉢山がそびえる。山頂から噴煙がたなびく様子から「パイプ山」と呼ばれた。

島の総面積は約二四平方キロで、東京都品川区よりやや大きい。

記録上では一五四三年、日本では戦国時代まっただ中にスペイン船によって歴史に刻まれた。その後は一七七九年、英国船が硫黄列島近海を航行し、三島をそれぞれ「Sulphur Island」「North Island」「South Island」と名づけた。「サルファー」とは「硫黄」の意味である。その後、欧米各国の艦船が日本近海を訪れ開国を求めたが、硫黄島はどの国も領有しようとせず、無人の状態が続いた。

一方、一九世紀半ばから、同じ小笠原諸島で硫黄島の北方に位置する父島や母島では開拓者や漂流者らが定住していた。一八六二(文久二)年、徳川幕府は外国奉行の水野忠徳を団長とする巡航団を派遣するなど、両島の領有を視野に動いていた。幕府を倒した明治新政府がこれを引き継ぎ、一八七六(明治九)年、「小笠原島」の領有を欧米などに宣言した。

日本政府はさらに南方進出を続けた。一八八七(明治二〇)年には南洋巡航団を派遣して伊豆諸島から鳥島、硫黄島を含む小笠原諸島を巡航し探査を行った。この際、巡航団が硫黄島で硫黄の噴火口を多数発見した。これが後の同島開発と入植に大きく影響したとされる(石原俊『硫黄島 国策に翻弄された一三〇年』)。一八八九年には父島の船大工である田中栄次郎が仲間と渡島した。これがきっかけとなり、一八九一年には日本政府が硫黄列島の領有を宣言した。硫黄島と北硫黄島、南硫黄島という名称はこの時に決まった。一八九八年には北硫黄島の開拓も始まった。南硫黄島は急斜面で上陸が難しく、定住者はいなかった。

硫黄島では領有宣言の翌一八九二年、さっそく本格的な硫黄採掘が始まった。硫黄はマッチや火薬、殺虫剤、製紙など生活必需品につながる資源であり、島の主産業となった。また島は全体として平坦であり、その土地柄と地熱を生かした農業も栄えた。

四方を海に囲まれた島では漁業も盛んになっていった。漁は、西海岸と後に米軍が上陸する南海岸から帆を張ったカヌーで出港した。漁獲高は当初は各家庭で自給する程度だったが次第に増え、島内外で販売されるまでになった。

硫黄島と本土との間では、二カ月に一度の定期船が運航していた。本土からコメや衣類、日用品などを運び、島では硫黄や砂糖などを積んだ。島には港がなかったため、西海岸沖に停泊し艀船《はしけぶね》が島と行き来した。

産業の隆盛とともに人口は増え、一九四〇（昭和一五）年には村制が施行された。この年の住民は、硫黄島が一〇五一人で、北硫黄島は一〇三人であった。このころまで硫黄島は平和であり、島民の幸福な日常が確かにあった。島で生まれ育った齋藤信治らに証言してもらおう。

平穏で豊かな生活の日々

祖父の齋藤栄五郎は明治期、宮城県・仙台で警察官をしていた。小笠原諸島の母島に渡り、開拓に従事。そこで齋藤の父、利男が誕生した。さらに栄五郎は「将来の可能性が非常に高い島だ」と聞き、家族で硫黄島に渡った。齋藤は一九三六（昭和一一）年一月一九日、島の南部落で生まれた。栄五郎の妻あきのは助産師をしていた。

畑では利男が主にサトウキビを、あきのがデリスを栽培していた。デリスは乾燥させた葉や根が農薬の原料となった。島では他に麻酔薬の原料となるコカ、香料の原料となるレモングラスなどが栽培されていた。齋藤は「硫黄島は亜熱帯で天候が良く、適度に雨も降る。土地もいい上に平坦だから、作物はよく育ちましたよ」と振り返る。

齋藤は男児四人、女児四人の八人きょうだいの次男。大家族だったが、食べ物は不自由しなかった。「学校から帰ってくると、家の畑があって、そこへ行ってサトウキビを鎌で切って吸うんですよ。お

戦前の硫黄島では牛も飼育されていた
（提供：全国硫黄島島民３世の会）

やつです。それを吸いながら海に行って魚を釣った。雨が降ると岩場にカニがたくさん出るんですよ。それを捕って餌にしたんです。釣れたのはアジや、こちらでは何というか知りませんがベタ［ベッタコともいう。クロダイの一種］、ダボ、アゴナミ、ギスという魚。白身の細い魚で、刺し身にするとうまかった。ベタは島すしにすると最高でしたよ。今のようなリールはないので、物干しみたいなさおでね。私たち子どもは、食べるよりも魚がかかってさおが曲がるのが楽しかったんですけどね。肉ですか？　うちは牛も豚も鳥もみんな飼っていましたからね。野菜も何でもたくさん採れたね。果物はバナナやマンゴー、パパイア、ヤシ、オレンジなどが採れた」。

牛のエサになるタニワタリというシダ科の植物を採ってくるのは齋藤の役目だった。正月などハレの日には豚や鶏をさばいた。西部落には屠場があった。人口一一〇〇人ほどの島ながら、屠場が必要なほど肉食の習慣が広がっていたのだ。

硫黄島では牛も豚も各家庭で飼育されていた。牛は主に農作物や水揚げした魚などを運ぶ荷役用であった。一九二一(大正一〇)年にアメリカ産の豚を輸入し繁殖させたところ、数年で七〇頭に増えた。サツマイモやカボチャなど栄養価の高いエサが奏功したのかよく育ったという。肉は結婚式などハレの場で食べられた。主食は白米だった。島でコメは栽培していなかったが、内地から運ばれてきた。

幸せな子ども時代と遠い戦争の影

スポーツも盛んだった。齋藤は「親父におんぶされて、泳ぎを覚えました」。さらに相撲や野球、テニスなどが人気だった。島は温暖で、真冬の二月でも最低気温が一二度程度。コート類は不要だった。「子どもたちの普段の生活では半袖かランニングで、半ズボン姿。学校にも裸足で行ってたんですよ」。靴を履き、長ズボンにシャツを着るのは卒業式や入学式などハレの行事の時だけだった。正月にはたこあげと羽根つき、餅つき。トリモチでメジロを捕り、鳥かごで飼っていた。ハーモニカや尺八など、音楽も楽しんだ。

島民で結成された野球チーム
(提供：全国硫黄島島民3世の会)

島の学校は一九〇四(明治三七)年、私塾として始まった。生徒は一二人だった。一九一三(大正二)年、東京府に認可され東京府小笠

晴着を着る子どもたち(提供：全国硫黄島島民３世の会)

原島大正尋常小学校として創立された。それまで校舎は西海岸にあったが、翌年島の中心地である元山に新校舎ができた。敷地一六五〇平方メートル、校舎は二五〇平方メートルと、小さな島としては立派な学び舎であった。さらに翌年、卒業生が農業を学ぶため大正実業補習学校が、一九一八年には高等科も設置されるなど、教育環境が整っていった。一九二五年当時生徒は尋常科(六年制)が二一二人、高等科(二年制)が三四人の計二四六人と、二〇年間余で生徒数は二〇倍に増えた。

学校の行事では、春に行われていた遠足が子どもたちの人気だった。海岸遊びや製塩場見学、摺鉢山などで楽しんだ。高等科では、島から釜岩まで一キロの遠泳も行われた。生徒たちは一人一本、サトウキビを担いで参加した。水筒代わりだった。

昼食は弁当ではなく、集団自炊。牛が引く荷車に鍋釜やコメ、味噌などを積み海岸へ向かう。男児は魚を釣って貝を捕り、女児はコメを炊いた。

ただ、島には川も湖もない。井戸を掘っても真水は出ない。つまり生活に不可欠な水源がなかった。当然ながら水道はなく、電気もない。それでも「私の家では水で苦労したことはなかったですよ。生活の知恵で、コンクリート製のタンクを作りました。二～四メートル四方で、深さは三メートルから四メートルほどありました。そのタンクがいくつもあった。硫黄島はスコールのように雨が降りました。ボウフラ一つわかない」。薪で焚いた風呂も、内地と変わらず楽しめた。また「電灯がなくてもランプがありましたから。住めば都です」。

齋藤が生まれた翌年には日中戦争が始まり、その翌々年の一九三九年にはナチスドイツ軍がポーランドに侵攻したのをきっかけに、第二次世界大戦が始まっていた。

硫黄島にも陸海軍が駐屯していたが、穏やかな日常が続いた。齋藤が回顧する。「父が兵隊さんと親しくしていました。数人が父に釣りを教わっていましたね。私は兵隊さんのテントに遊びに行ったんですよ。いろんな所から来ている人たち。弁当もらったり、カンパンもらったり。泊めてもらったこともあるんですよ。毛布かぶって寝てね。島では毛布が珍しくてね。若い兵隊さんが多くて、内地の話をしてくれましたよ。『雪が降ったらこうだよ、乗り物がこうだよ』などと話してくれました。雪なんて絵本でしか見たことなかったから、どんなもんなんだろうと想像したんですよ。仙台の人、九州の人。みんな優しくていい人でしたよ。その兵隊さんはその後どうなったか？……戦争で亡くなったんでしょうね」。

島は「都」ではなくなっていった。

教員一家の暮らし

篠崎允《まこと》は一九三八(昭和一三)年、硫黄島で生まれた。篠崎家は、八丈島出身の祖父、篠崎禮次郎が明治後期に北硫黄島に渡った。そこで一九〇二(明治三五)年、允の父である卓郎が生まれた(硫黄島?)。一家はその後硫黄島に移住した。禮次郎は開拓に従事し、一〇〇〇～一五〇〇坪もの畑を持つことになったという。一家が硫黄島に移住した後、允が生まれた。当初は綿を栽培していたが、サトウキビに移行した。さらに特産であるレモングラスとコカ、デリスも栽培した。大規模な農園で、顔つきなどから「南方系」と思われる「外国人の使用人」がいたという。

「暮らしは豊かだったようで、他の家の屋根は茅葺きが多かったのですが、私の家は当時珍しかったトタン葺きでした」。卓郎は島の大正尋常小学校を卒業した後、本土に渡った。東京の青山師範学校を卒業し硫黄島に戻ってきた。一九二五(大正一四)年、母校の教員となった。卓郎は農業を教えていた。土が肥えていて、肥料も良く白菜やネギ、トマト、スイカやバナナなどがよく生長したという。

允は幼かったので、島での暮らしを細かくは覚えていないが、「裸足で砂浜を歩いていると、すごく熱かった」ことが印象深いという。

齋藤家同様、食糧事情は良かった。主食は本土から運ばれてくるコメ。魚や豚肉、鶏肉など副食にも事欠かなかった。果物も豊富だった。「物々交換も盛んで、食べ物で苦労した話は聞いたことがありませんでした」。水の苦労もなかった。「屋根がトタン葺きだったので、降った雨を効率よく集めることができたようです」。屋根の下に三段の貯水槽があり、そこにためていた。

卓郎は二〇年近く、大正小学校で教員を務めた。一九四三(昭和一八)年、神奈川県への転勤となり家族は硫黄島を離れた。

食べ物が豊かだったことについては、多数の証言がある。福島立恵(一九一六年生まれ)のそれを見てみよう(小笠原協会編『小笠原』特集第六五号)。福島は八丈島出身で、戦時中に硫黄島に渡り、福島勇と結婚した。福島家は五万四〇〇〇坪の広大な畑を経営していた。「七〇人くらいの人を雇っていました。作物は麻酔薬のコカ、サトウキビ、サツマイモ、綿花、パパイヤなどが主だったものでした。

(中略)

サツマイモは年間三回ぐらい収穫ができました。収穫時に蔓を切り取り近くに植えるとまた大きな芋が付くんです。パイナップルも連続して収穫できるので内地へ送って金銭に換えました。パイナップルは実の上部のヘタの部分を切り取り、植えておくとまた根が付いて出てくるので、苦労は全くありませんでした。

そのほか、豚、牛、鶏を家畜として飼育していました。(中略)魚もよく獲れましたね。ムロアジ、トビウオが多かったです。トビウオは八丈島の一・五倍位の大きいのが獲れるんです。(中略)二カ月に一度船が来て、コメや味噌、醤油など生活必需品をみんな運んできてくれていたので、何も不自由なく賄えました。食べ物には一切困らなかったです」。

島独自の共同体

「向こうへ行けば、耕しただけ自分の土地になる」。本土からの移民の中には、そう言われて移住した者もいた。豊かで平和であった硫黄島だが、石原俊が綿密な調査で明らかにしたように、島民たちは資本や地主の「搾取」の対象となっていた（石原『硫黄島』）。

明治末年ごろサトウキビの栽培が本格化し、一九一三（大正二）年には東京在住の資本家らが久保田拓殖合資会社を設立した。その後同社の流れをくむ硫黄島拓殖製糖会社が設立された。島民の多数が同社や少数の地主の小作人で、同社にサトウキビやコカなどの商品作物の栽培を義務づけられた。さらに、小作人の多くが同社の従業員でもあり、製糖工場や荷役の業務などに従事した。それらの報酬は、同社関連の指定店舗でのみ使用できる金券で支給された。

食糧や日用品など生活のために島民たちが購入する品々は同社の関連資本が扱っており、一般の小売価格より割高であった。「拓殖資本が島という閉鎖的空間を利用して、生産・流通・消費の全般をコントロールし、島民の労働・生活を厳しい管理下に置いた、プランテーション型の社会」（石原『硫黄島』）で暮らしていたのだ。

搾取されていた島民たちだが、それでも島独特のコミュニティーができ、文化も花開いていた。寺も神社もあった。島の鎮守は天照大神を祀る硫黄島神社。島の中心地である元山にあり、毎年九月一〇日に執り行われる例大祭は島随一のイベントであった。若者たちによる奉納相撲があり、力士の化粧緞子《どんす》や行司の軍配は内地から取り寄せたもので、呼び出しまでいた。

メディアも発達した。一九三一(昭和六)年、本土でラジオが普及したころ島にも設置された。島外からの情報は二カ月に一度の定期船が頼りであった島民にとって、一挙に本土が近づいた。さらに、ラジオ開設を機に島の教員たちが「日刊島内新聞」を刊行し始めた。毎夜七時と九時のラジオニュースを聴き、内容を文字にしてガリ版印刷した。翌日に地域の掲示板に貼り出したり、部落のまとめ役の家に届けたりした。島では民謡も生まれた。たとえば「硫黄島ショメ節」である。

わたしゃ硫黄島　噴火島生まれ
胸に煙は絶えはない　ハイ、ショメ、ショメ

八丈島の「八丈島ショメ節」の影響を受けていると思われる。「硫黄島トントコ節」とともに一九八七(昭和六二)年、東京都指定無形民俗文化財に指定された。

迫る戦雲と島民の強制疎開

戦争が続くにつれ、「都」の豊かさはなくなり、さらには平和も脅かされた。齋藤信治が友だちと遊んでいたとき、海上で火柱が上がった。日本軍の軍艦が米軍のものと思われる潜水艦の雷撃を受けて沈没したと、齋藤は後で聞いた。投げ出された兵士が海岸に泳ぎ着いて飛行場に向かって歩いていったのを覚えている。

一九四四（昭和一九）年六月一五日と一六日、島はついに米軍の大規模な攻撃を受けた。「サイレンが鳴り響いて、防空壕に逃げ込みました。直撃したらダメだから、本当に怖かった」。齋藤はそう回顧する。

政府は小笠原諸島の住民の強制疎開を始めた。硫黄島からは七月三日、七日、一四日の三回に分けて行われた。島民たちは明治以来営々と築いてきた財産の大部分を、島に残さざるを得なかった。齋藤家は最終便で島を離れた。持ち出せるのは手荷物数個だけで、ほぼ着の身着のまま。あわただしく故郷を離れた齋藤は「悲しいというのか、しゃくにさわると言うのか……。もう帰ってこれないのかな、と思っていました」。

疎開船はまず父島に渡った。しかしそこも安全ではなかった。米軍機の攻撃を避けるべく、齋藤ら疎開者たちは同島の玄関口である二見《ふたみ》港近くにある「清瀬トンネル」などでしばらく生活した。そこが防空壕となった。硫黄島からの疎開者たちはその後、船を乗り継いで内地に向かった。そして多くの場合、戦争が終わってもその財産を回収することはできなかった。

東京に疎開した齋藤一家は、東京・駒込の親戚宅に身を寄せた。毎晩、空襲警報が鳴り響いていた。そして米軍による無差別爆撃で焼け出された。一九四五（昭和二〇）年の春と思われる。

混乱のさなかで祖母と妹が亡くなった。「みんな戦争の犠牲者ですよ」。敗戦後は旧硫黄島民らが多数関わっていた、栃木県・那須の原野開拓に参加した。その後神奈川県川崎に移住。家具商や内装業などで家を支えた。

一九五二年のサンフランシスコ講和条約発効によって、日本は独立を回復した。それと同時に、敗戦国の日本政府は戦勝国にさまざまなものを差し出した。沖縄や小笠原諸島を、アメリカの施政権下に置き続けることに同意したのだ。戦争が始まるまで平和に暮らしていた島民たちは故郷を失い、生活の基盤のない本土へ移住させられた。その本土で空襲に遭った者がおり、貧困に苦しむ者もいた。

福島立恵は強制疎開で島を離れた。許された荷物は風呂敷包み三個のみ。本土では東京の練馬にあった紡績会社の社宅で暮らした。硫黄島では自給自足できる豊かな生活だったが、本土では一変し、食糧は配給が頼りだった。社宅の仲間と蒸しまんじゅうを作って新宿で売ったり、小金井でおでん屋を開いたりして生活した。その後義父母の出身地島根県に移住した。スキー場開発と食糧増産のため開墾する者を募集していると聞き、応じたのだった。

「開拓地は期限付きで割り当てがあり、荒野での開墾は苦労の連続でした。なんとか開拓の割り当ては消化しようと義父母、夫、義弟とともに山の大木を切り倒し、木の根を鍬で掘り起こしました。当時、冬は豪雪で二メートル近く積もったんです。雪をスコップでどけながら、夜はカンテラの光を頼りに畑を作りました。(中略)今でこそ平和な日々を過ごせていますが、入植時の苦労は大変でした。

私が硫黄島に居たのは二年間ほどでしたが、楽しい良い時でした。引き揚げ後は東京、島根の入植・開墾と苦難の連続で大変な思いをしました。もう二度と戦争はしてはいけません」(小笠原協会編『小笠原』特集第六五号)。

米軍占領下の硫黄島から日本復帰へ

敗戦から二三年が過ぎた一九六八(昭和四三)年四月、「南方諸島及びその他の諸島に関する日本国とアメリカ合衆国との間の協定」が調印された。同年六月に発効し、小笠原諸島は日本に復帰した。東京都は同諸島を対象とする施策について、「日本に返還されてから、かつての住民の帰島を促進するため、また島の復興、自立そして発展を目的とした法律が制定され、それによって策定された計画に基づき東京都は様々な事業や施策を実施しています」とする。

復帰後、同諸島のうち父島や母島への帰島は少しずつ進んだ。豊かな自然が人気の観光地ともなった。同行政部は「小笠原諸島のかけがえのない貴重な自然を大切に守りながら、小笠原が最も小笠原らしく発展していくための振興策を東京都は考えています」とし、「小笠原諸島の振興のため、「小笠原振興担当」という専任の部署を設置し」ており、さまざまな施策を講じているとする。

しかし、この振興に硫黄島は入っていない。日本に返還された後も、「活発な火山活動などのため、「一般住民の定住は困難である」とされ、強制疎開前の住民やその子孫が故郷に帰ることのできない状態になって」いるのだ。

父島や母島の元島民らは四半世紀ぶりに帰島を果たすことができた。しかし、硫黄島は米軍にかわって自衛隊が駐屯し、島民の帰還は認められなかった。

政府が旧硫黄島民の帰島を許さなかった理由は、自然条件だけではなかった。すなわち、硫黄島が

「戦後」も日米双方にとって重要な軍事的拠点であったことが背景にある。

たとえばアメリカが同諸島を返還する際、日本政府と結んだ「密約」だ。米軍が非常時に硫黄島に核兵器を貯蔵できることを日本政府が認めたものだ。米軍は一九五六年、硫黄島を戦術核基地として整備した。沖縄と違って住民による基地反対運動はなく、アメリカにとっては好都合だったのだ。その後原子力潜水艦が核ミサイルを搭載できるようになったために戦術核の必要性は薄れ、硫黄島からは一九六六年までに撤去された。

ところが一九六八年の返還に伴い、密約が結ばれた。冷戦下、アメリカは硫黄島に配備した戦術核をソ連が日本に侵攻した場合に使うつもりだった。日本の国是は、当時も今も「非核三原則」つまり「核を保有しない、製造しない、持ち込ませない」である。原爆で悲惨な歴史を刻まれてしまった日本にとっては、当然の「正論」＝国是であるはずだ。ところが、硫黄島はその国是の対象外だった。

冷戦は一九八九年に終わった。しかし、日本は米軍から引き継いだ基地を島民に返さず、依然として全島が基地となっている。日米共同利用も行われている。日本政府としては、ありがたい島なのだ。つまり、硫黄島は沖縄と違って住民がいない。だから沖縄のような基地反対運動は起きない。日米両軍が好きなように使うことができる。硫黄島が解放されなかったのは、そうした「政論」があったからだろう。

かなわない帰島の願い

返還の翌一九六九年には「硫黄島帰島促進協議会」が結成された。政府や東京都に対する帰島運動が本格化した。

だが一九七〇年八月に決定した政府の小笠原諸島復興計画で「帰島及び復興計画の対象は、当面父島および母島とし、硫黄島については、不発弾の処理及び遺骨収集の状況との問題において復興の方途を検討する」こととされた。つまり復興事業の対象から外されたのだ。

さらに一九八四年。小笠原諸島振興審議会が政府に対して、硫黄島では「一般住民の定住は困難」と結論づけて答申した。「火山活動や不発弾の問題、産業の成立条件も厳しい」ことなどが理由だった。硫黄島島民たちにとって、故郷が自由に帰ることができない場所になることは、決定的となった。

「火山活動」は戦前からあり、その下で「産業」が成立していた。不発弾は戦後の問題だが、これは沖縄にも共通することであり、その沖縄では「一般住民」が暮らしている。島民たちは政府の「政論」にからめとられて差別され、「元島民」となることを強いられた。日本国憲法は第二二条で居住、移転の自由を定めている。しかし、硫黄島は憲法の枠外にあり続けている。

さらに戦後五〇年、つまり硫黄島の戦いが終わってから五〇年後の一九九五年八月一五日、小笠原村は平和都市宣言を発した。

平和で豊かな自然の中で暮らす我々小笠原村民は、

世界中の人々が平和を分ちあえることを願う。
この願いは、小笠原の生い立ちが物語っている。
我々の先人が築いた文化を、歴史的に分断した強制疎開。
今なお一般住民の帰島が許されず、遺骨収集もままならぬ玉砕の地硫黄島。
このような地小笠原に生きる者として、戦後50年を迎えるにあたり、
不戦と恒久平和を誓い、豊かな自然を後世に残すために、
小笠原村が平和都市であり、またその使命を全うすることを宣言する。

「平和宣言」の中に、「強制疎開」「住民の帰島が許されない」「戦没者の遺骨収集さえままならない」「玉砕の地」といったことが記されていることに、「戦後」何年たっても戦争の影が色濃く残る、硫黄島の特異な歴史がにじむ。

日本国憲法第二二条一項は「何人も、公共の福祉に反しない限り、居住、移転及び職業選択の自由を有する」と定めている。硫黄島島民が自分の意志で島に帰ることは「公共の福祉に反」するということだろうか。火山活動が激しい地域は硫黄島以外にもあり、人が住んでいる地域もある。またそこで産業が成立しないとしても、そこに住むかどうかは個人の意志に任せるべきことだ。暮らし方はさまざまで、「定住」でなくても個人の都合に合わせて住む暮らし方もある。せめて硫黄島出身の人だけにでも、そうした権利が保障されていいのではないか。

ともあれ島が日本に帰ってから五四年。島民は帰島どころか、先祖の墓参すら自由にはできない。「もう帰ってこれないかもしれない」という齋藤信治少年の予想は、不幸なことにこれまでのところ現実となっている。信治少年が言葉を交わした若い兵士の遺体と遺骨も、おそらくは遺族のもとに帰っていないだろう。

硫黄島で生まれ五歳まで暮らした篠崎允は、成人してからたびたび硫黄島に慰霊のために訪れた。そのたびに、切なくなるという。「かつては多くの民家があって、子どもたちがたくさんいた。役場や小学校に商店、旅館、工場もあって賑わっていました。農業も漁業も盛んだった。それが、今は何の跡形もない。家の柱一本さえありません。それが私たちの故郷、硫黄島の今の姿です」。

第4章
戦　　闘

開戦と「絶対国防圏」

近藤龍雄が戦い、死んでいった硫黄島では第二次世界大戦屈指の激戦があった。なぜ、ここだったのか。どんな戦いだったのか。本章では生還者の証言を交えて振り返っていきたい。

米軍は開戦わずか四カ月後の一九四二年四月一八日、早くも東京など日本本土爆撃を敢行していた。航空母艦(空母)から陸軍の爆撃機を飛び立たせるという、前代未聞の作戦であった。空母の甲板つまり滑走路は長さ二〇〇メートル余りしかない。比較的小型な海軍の艦載機が発着するものだ。だが陸軍の爆撃機は大型で、空母では滑走路が短すぎる。また発艦はできても、洋上の空母にその爆撃機が着艦するのはまず不可能であった。

このため、米軍は空母への帰還は初めから想定しておらず、中国国民党政府の支配下にあった地域に向かうこととした。そして空母「ホーネット」から爆撃機B25を一六機発進させたのだ。隊長の名前から「ドゥーリットル爆撃」といわれる。東京や川崎、横須賀、名古屋や神戸などを爆撃した。軍部は「被害軽微」と発表したが、実際の被害は大きかった。死者八七人、重軽傷者一五一人、軽傷者三一一人以上、家屋全壊・全焼一八〇戸以上に及んだ。日本の戦争継続力に直ちに大きな影響を与えるものではなかったが、米軍はまがりなりにも日本の首都を空襲した。一方の日本がアメリカの首都ワシントンやニューヨークなどの主要都市を爆撃するのは不可能であった。前途の苦戦を想像させるような攻撃ではあった。

緒戦こそ米英蘭の植民地駐屯軍を破って占領地を広げた日本軍だが、米英ことに米軍が体勢を立て直し攻勢に転じると、各方面で劣勢になっていった。広大な占領地を確保することをあきらめた日本軍は、一九四三年九月三〇日、「絶対国防圏」を設定した。千島列島、小笠原諸島、マリアナ諸島、西カロリン諸島、西部ニューギニア、小スンダ列島、ジャワ島、スマトラ島、アンダマン島、ビルマなどを外郭とする、その内側である。本土防衛のために文字通り絶対に破られてはならない防衛線であった。兵力で劣るだけに「選択と集中」をするのは必然ではあったが、その国防圏の外側に残された兵士たちへの補給や援軍はほぼ完全に途絶え、事実上見殺しにされた。

硫黄島の戦略的価値

圏内も安泰ではなかった。米軍は一九四四年六月一五日、日本の植民地であったサイパンに上陸した。マリアナ諸島の一つ、日本の南約二五〇〇キロで、米軍の最新鋭爆撃機B29が日本本土と往復することができる距離であった。ドゥーリットルの爆撃は一度限りだったが、ここを占領されると、米軍は日本本土爆撃を繰り返しできることになってしまう。

米軍の上陸を受けて、日本海軍は「あ」号作戦を発動した。上陸を支援する米艦隊を撃退するための作戦であった。空母九隻、航空機四五〇機近くと海軍史上最大の機動部隊だったが、虎の子の正規空母である「大鳳」「翔鶴」の二隻を撃沈されるなど、惨敗した。この結果、サイパンの日本軍守備隊は完全に孤立し、米軍が七月七日に占領した。Ｂ29の基地として稼働することになった。

ただＢ29は新鋭機だけに故障が少なくなかった。また日本本土爆撃の際、迎撃されて被弾することも多かった。硫黄島は首都東京の南およそ一二五〇キロ、マリアナ諸島と日本本土の中間地点に位置していた。傷ついたり故障したりしたＢ29が不時着する場所としてうってつけであった。

またＢ29の爆撃をより有効にするためには、これを護衛する戦闘機が必要となる。しかし戦闘機は航続距離が短く、マリアナを基地とする作戦には同行できなかった。硫黄島であればそれが可能であり、護衛機の基地としても重要であった。さらに、米軍は沖縄上陸も計画しており、その作戦を阻害するであろう硫黄島を占領する必要があった。

日本軍にとっても、硫黄島の戦略的価値は非常に高かった。マリアナ沖海戦で機動部隊が壊滅した後、滑走路のある硫黄島は「不沈空母」の役割が期待された。さらに、サイパンなどから日本本土爆撃に向かうＢ29を途中で迎撃できる。沖縄方面をうかがう米軍を牽制《けんせい》することもできる。

日本軍はその硫黄島に米軍の上陸作戦が必至であることを分かっていた。何としても守り抜かなければならない場所であった。

戦略的価値の変容

米軍は一九四五年二月一九日、硫黄島への上陸を開始した。日本軍守備隊およそ二万一〇〇〇人に対し、米軍は六万人。最終的には一一万人以上に上ったとされる。以下、筆者がインタビューした生還者の証言などから、この戦いを振り返っていこう。

元海軍上等兵、金井啓は商業学校を中退し一九四〇年に海軍を志願した。硫黄島には一九四四年二月に渡った。当初は平穏だった。「日が暮れれば寝る。朝は名も知らない小鳥が美しい声でさえずる。水が乏しいことを除けば、住めば都」だった。しかし「都」生活は短期間で終わった。島には真水の水源がない。井戸を掘ると湧き水がわずかにたまる。しかし「硫黄臭く、白く濁っている」。その水で調理した食事で、下痢の患者が続出した。さらに内地からの輸送が減り、食糧難も深刻になった。米軍艦による艦砲射撃も始まった。空襲も日常化した。

指揮官 栗林着任

硫黄島守備隊を指揮したのは、栗林忠道陸軍中将(戦死後に大将)である。一八九一年、長野県松代町出身。長野中学から陸軍士官学校に進み、騎兵将校となった。さらに陸軍大学校を卒業。陸軍のエリートはドイツに駐在するのが出世コースだったが、栗林はアメリカ駐在だった。ここでアメリカの強大な国力を知った。一九四〇年、少将に昇任。四三年三月に中将、留守近衛第二師団長となった。近衛師団は天皇を守ることを任務とするもので、陸軍軍人にとって非常に名誉が高い師団であった。

しかし栗林は一年ほどで異動となった。部下が起こした火事が原因とされる。

そして一九四四年五月、大本営が硫黄島守備のために新設した第一〇九師団の師団長に就任し、六月一〇日に渡島した。さらに小笠原諸島全体を守るべく新設された「小笠原兵団」の兵団長に就いた。

硫黄島は本土防衛において非常に重要な小笠原諸島の一つだ。「絶対国防圏」のマリアナ諸島が米軍に占領された後、小笠原諸島は連合軍の侵攻に対する最前線となり、戦略的価値はさらに増した。同諸島全体を指揮するには、通信や補給の中枢である父島に司令部を置くのが妥当、という意見もあった。父島は硫黄島の北約二八〇キロ、本土に近い。

硫黄島での栗林忠道中将(撮影日不明．提供：毎日新聞社)

それでも栗林は最前線の硫黄島に渡って指揮を執ることを決めた。「「小笠原諸島中、硫黄島には最良の飛行場があり、最も重要な戦略的価値を有する。敵の攻略目標も硫黄島であろう」という確信に基づき、指揮官として率先、戦場の焦点に立とうとする責任感から司令部を同島に設定した」(『戦史叢書 中部太平洋陸軍作戦〈2〉』)のだ。

栗林は硫黄島に到着するや、矢継ぎ早に体制を整備しようとした。六月一七日、「師団長注意事項」を発している。

一　擬装、遮蔽（個人、宿舎等）不十分なり　各人は擬装網を携行しあること

二　資材は徹底的に分散配置をなすこと　糧秣其の他物品を一箇所に多く堆積せす分散せしめ尚之か擬装掩護をなすこと

三　炊事、湯沸等の煙に注意すること　空襲警報、警戒警報のときは直ちに消すこと　焚火は当分の間概ね左の如く規制す　払暁後より〇七〇〇迄、一〇〇〇より一二〇〇迄、一五〇〇より一八〇〇迄

四　（略）

五　已むを得さるときは地方民を軍隊の防空壕に一時収容するは差支なきも空襲警報解除後又は夜間等に於ては之を収容するは不可なり　又軍の防空壕内に地方民の家財道具を持込ましむるは不可なり　地方民は自力を以て防空壕を造る如く各隊長に於ても指導すること

六　成るへく無声の指揮をなすこと（声を大きく出さぬこと　記号身振りをなすこと）　敵と近く近接したる場合敵は「マイクロホン」等を使用し我軍の行動位置等を偵知し或は之等に依りて我軍を射撃することを以て特に注意すること

（七～十略）

米軍の硫黄島に対する初空襲は一九四四年六月。その後、米軍の太平洋戦線侵攻とともに激化した。敵機の攻撃から兵士や施設を守るためには、周囲の木々や地形などに見せかける擬装が必要だ。栗林はそれが不十分とみて改善を指示したのだ。さらに敵の目印とならないように焚き火の時間を指示したり、声を出さないで指揮をするように指示したりと、詳細だ。

また「地方民」とは非戦闘員、ここでは島民のことである。硫黄島の戦いは日米両軍の激突に目が行きがちだが、島には民間の島民も多数いた。栗林は、島民は原則としては日本軍守備隊の地下壕に入れてはならないこと、軍の各隊長は非戦闘員自ら造るように指導することなども指示している。栗林の個性として細かく目配りがきくということもあっただろうが、それまでの守備隊が米軍の上陸を想定した上での十分な準備をしていなかったということでもある。栗林は米軍の硫黄島上陸を確信していたから、あせりが募っただろう。

さらに同月二三日には、「一〇九師作命甲第一号」で「爾今本職当地区集団各部隊を指揮統率す」と、自らの統帥発動を下令した。後述のように、栗林が率いる第一〇九師団は急遽編制された「寄せ集め」的な色彩が濃かった。かつ海軍の陸戦隊も指揮下に置くことになる。栗林は自分が最高指揮官であり、守備隊全軍を統率すると早急に宣言する必要があった。

戦局の悪化と海軍との確執

栗林が守備隊の統率に心を砕いているころ、サイパンではまだ日本軍守備隊が上陸した米軍と戦っていた。ただ前述のマリアナ沖海戦の惨敗もあって苦戦が続いていた。同海戦が終わったわずか三日後の六月二三日、大本営はサイパン放棄を決めた。見捨てられた日本軍守備隊は七月七日に全滅し、米軍が占領した。

栗林は米軍の硫黄島来襲は確実ととらえ、大本営に防御体制の整備を急がせた。大本営も連合軍の小笠原方面への来攻は覚悟していた。一九四四年八月九～一〇日に真田穣一郎陸軍少将、中沢佑海軍少将を硫黄島に派遣し防備状況を視察させた。

真田によれば、栗林は現状を以下のように伝えた。

「戦闘機が一〇（重機一を含む）、中攻が三機あるだけで、私が東京を出る時は、戦闘機四八、中攻四八機を置くと聞いたが、こんなことでは哨戒もできない」「硫黄島は、島の周囲にわが機動艦隊が存在することにより、初めて両島を含め二～三隻の母艦とみなすことができる。今のままでは無意味である」「飛行場に直接配備するだけの兵力はない。故に飛行場は砲兵で制圧、敵に使わせない」（『戦史叢書　中部太平洋陸軍作戦〈2〉』）。

硫黄島は、海軍の機動部隊が壊滅した後「不沈空母」としての役割が期待された。当然、敵を攻撃することが重要な役割である。ところが、栗林が着任した当時は攻撃どころか島の周囲を航空機が見回る（哨戒）ことさえできなかった。また、飛行場云々のくだりは重要だ。敵に使わせないほどの砲撃をすれば、当然滑走路に損害が及び、となれば日本軍機も使用できなくなる。「不沈空母」としての価値が失われてしまうもので、海軍としては受け入れがたかった。ただでさえ戦力で米軍に劣る以上、守備する陸海軍が一枚岩になるのは不可欠なのだが、両軍の考えには大きなズレがあった。硫黄島におけるそのズレは、戦争全体でも存在したズレでもあった。たとえば、陸軍は長年ソ連を仮想敵国としてきた。海軍はアメリカである。対米英戦開戦後も、海軍は主戦場を太平洋と想定したが、陸軍は中国を重視し、主力を投入し続けた。

栗林の海軍に対するわだかまりは他にもあった。真田にこうも伝えている。「六月初めから酒も甘味品もない。海軍は酒保や酒の増配があり、小さな島の中で余りにも差がひどすぎるのはよくない」。酒保とは、飲料や食べ物を扱う軍内部の売店である。

海軍は物資の輸送能力が陸軍より高かった。このため、陸軍に比べればまだましな食生活だったのだろう。過酷な軍の生活にあって、食べることは寝ることと並んで大きな楽しみである。その食であからさまな差があれば、劣っている方の士気が下がり、ひいては友軍同士の亀裂が深まりかねない。栗林の心配はそこにあっただろう。

その栗林は渡島から半月近くが過ぎた一九四四年六月二五日、東京で待つ妻、義井と子どもたちに手紙をしたためている（『栗林忠道――硫黄島からの手紙』）。

「◎この手紙は他人の目に絶対にふれさせぬ事又内容をしゃべらぬ事

拝啓　其の後は皆様お変わりない事と思います。

私も毎日元気で過ごして居ますが、今居る処は包頭や広東とは比べものにならないほどひどい処です。暑さも広東以上で到着後五日か一週間位で皮膚は黒こげとなり、今迄にもう何遍も皮がむけ替わりました。それに嫌なのは湿気が強く汗はだくだく出るし、服でも何でもシットリ湿って不愉快至極です。

水は湧水は全くなく全部雨水を溜めて使います。それですから何時もあゝツメたい水を飲みたいなあとおもいますがどうにもなりません。蚊と蠅と多いことは想像以上で全く閉口です。新聞もなくラジオもなく店屋一つありません。（中略）考え様に依っては地獄の生活で生まれて以来初めてです」。

まず、島の暮らしぶりをつづる。独特の風土に苦労している様が分かる。

死を覚悟していた栗林

戦雲はさらに迫っていた。

「敵が近く迫って来ているので将兵は皆緊張して居ります。空襲も既に三遍受け激しい爆弾、焼夷弾の雨と機関銃掃射を受けました。サル十六日の如きは大型爆弾が防空壕の傍らに落ち大爆発を起し其の瞬間防空壕と共にブッ飛んでしまったかの様に思いましたが幸に傷一つありませんでした。（中略）若し私の居る島が敵に取られたとしたら、日本内地は毎日毎夜の様に空襲されるでしょうから、私達の責任は実に重大です。それで皆決死の覚悟です。私も今度こそは必死です。十中九分九厘迄は生還は期せられないと思います。（中略）

夫として父として御身達に之れから段々幸福を与え得るだろうと思った矢先き此の大戦争で、而かも日本として今最大切な要点の守備を命ぜられたからには、任務上已むを得ない事です」。

圧倒的に優勢な敵が必ず上陸してくる。そう確信し、自ら小笠原諸島の父島ではなく硫黄島に進出してきた栗林は、「十中八九」ではなく「十中九分九厘」死ぬ、と覚悟していた。

「最後に子供達に申しますがよく母の言付を守り、父なき後母を中心によく母を助け相はげまして元気に暮して行く様に。特に太郎は生まれ変わった様に強い逞しい青年となって母や妹達から信頼される様になることを偏に祈ります。洋子は割合しっかりしているから安心しています。お母ちゃんは気が弱いところがあるから可哀想に思います。たこちゃんは可愛がって上げる年月が短かった事が残念です。どうか身体を丈夫にして大きくなって下さい。では左様なら。夫、父」。

栗林は、強いリーダーシップと鉄の意志を持つ指揮官でありながら、妻と長男太郎、長女洋子、末っ子のたか子を愛する家庭人でもあった。

さて大本営は、硫黄島に増強部隊を送り込んではいた。一九四四年七月一四日、「中迫撃砲第二大隊」「独立機関銃第二大隊」と「戦車第二六連隊」の一部などを載せた「利根川丸」が硫黄島に到着した。同日、栗林は「新来着部隊に与ふる兵団長訓示」を発している。

「太平洋上に於ける敵の反攻日々熾《し》烈となり兵団の任務愈々重大を加ふるの時茲《ここ》に諸精鋭部隊を本島に迎へ兵団の戦力頓《とみ》に増強せるは洵《まこと》に欣《きん》幸とする所なり（中略）将兵宜しく現戦局の推移を直視すると共に其の任務の重大なるを自覚し愈々団結を鞏《きょう》固にし士気を昂揚し特に必勝不敗の信念を堅持し敵兵来攻に方《あた》りては全力を奮つて断乎之を殲滅し以て其の重責を完遂せんことを期すへし」（『戦史叢書　中部太平洋陸軍作戦〈2〉』）。

兵員も武器も足りないと感じていた栗林にとって、この兵力増強にかける期待は大きかったはずだ。

悪化する兵士たちの環境

「中迫撃砲第二大隊」には近藤龍雄が所属していた。中国戦線を経験していた近藤は、軍務には慣れていただろう。とはいえ、郷里には幼い長男と妊娠中の妻、両親らがいる。近藤はどんな気持ちで栗林の訓示を聞いていただろうか。夫であり父であるという点では、近藤と栗林は同じだ。軍人である栗林は死を覚悟していたが、近藤は民間人である。

同大隊は島の中東部、大坂山地区に配備された。迫撃砲は重要な火器で、上陸してくる米軍に大きな打撃を与えることになる。さらに七月一四日、「戦車第二六連隊」の主力などを乗せた「日秀丸」(七七八五トン)が横浜港を出港するも、一八日、父島北西で敵潜水艦の雷撃を受け沈没。乗員・将兵一一四九人は救助されたが九六人が戦死した。積載していた戦車二八両をはじめ多数の高射砲・大口径砲・重機関銃・各種資材はすべて海没した。生存者は護衛艦などに救助されて翌日硫黄島に到着した。しかしもはや硫黄島守備自体だけでなく、そこに上陸することすら困難になっていた。

兵士たちにとって、島の生活は厳しかった。島には飲み水の水源がない。ときおり来るスコールが頼りだった。戦前、日照りが続くと島民たちは、島の中心部の元山部落にあった「硫黄島神社」で雨乞いをし、雨が降ると村民総出でバケツやたらい、鍋釜などあらゆる容器を使って雨水をためた。

それでも一〇〇〇人程度の島民が暮らしていたころは、十分に自給自足できた。そこへ二万もの兵士がやって来たことで、たちまち水不足となった。雨水を貯水タンクに集めて使っていたが、米軍機の爆撃で破壊されたため、多くの空きドラム缶で代用した。海水分離機も一台設備。さらに硫黄の水蒸気が噴き出ているところに杭を三本立て、蓆《むしろ》をかぶせて水を集めた。それでも慢性的に足りず、飲料水は一人水筒一本、それ以外の水は一人一日三リットルとした。「水の一滴は血の一滴」であった。高熱が続くチフスが蔓延し、一時は全兵士の二割に及んだ。

ただ海軍は船舶という輸送手段があり、陸軍に比べれば食糧や資材はまだ恵まれていた。

万歳突撃の禁止

栗林は、従来の日本軍の戦術の見直しを進めた。栗林が硫黄島の兵士に示した「敢闘の誓い」を見よう(『戦史叢書　中部太平洋陸軍作戦〈2〉』)。

一　我等は全力を振つて本島を守り抜かん
一　我等は爆薬を擁《いだ》きて敵の戦車にぶつかり之を粉砕せん
一　我等は挺身敵中に斬込み敵を鏖殺せん
一　我等は一発必中の射撃に依つて敵を撃ち斃《たお》さん
一　我等は各自敵十人を殪《たお》さされは死すとも死せす

一　我等は最後の一人となるも「ゲリラ」に依つて敵を悩まさん

栗林はさらに、「膽兵ノ戦闘心得」で自らの方針を細かく示している。「膽《たん》」は第一〇九師団の兵団文字符である（『戦史叢書　中部太平洋陸軍作戦〈2〉』）。

戦闘準備

一　十倍の敵打ちのめす堅陣とせよ　一刻惜んで空襲中も戦闘中も
二　八方より襲ふも撃てる砦とせよ　火網に隙間を作らずに　戦友斃れても
三　陣地には糧と水とを蓄へよ　烈しき砲爆、補給は絶える　それも覚悟で準備を急げ

防御戦闘

一　猛射で米鬼を滅すぞ　腕を磨けよ一発必中近づけて
二　演習の様に無暗に突込むな　打ちのめした隙に乗ぜよ　他の敵弾に気をつけて
三　一人死すとも陣地に穴があく　身守る工事と地物を生せ　擬装遮蔽にぬかりなく
四　爆薬で敵の戦車を打ち壊せ　敵数人を戦車と共に　これぞ殊勲の最なるぞ
五　轟々と戦車が来ても驚くな　速射や戦車で打ちまくれ
六　陣内に敵が入っても驚くな　陣地死守して打ち殺せ

七　広くまばらに疎開して　指導掌握は難かしい　進んで幹部に握られよ
八　長斃れても一人で陣地を守り抜け　任務第一　勲《いさお》を立てよ
九　喰はず飲まずで敵撃滅ぞ　頑張れ武夫　休めず眠れぬとも
十　一人の強さが勝の因　苦戦に砕けて死を急ぐなよ膽の兵
十一　一人でも多く斃せば遂に勝つ　名誉の戦死は十人斃して死ぬるのだ
十二　負傷しても頑張り戦へ虜となるな　最後は敵と刺し違へ

一人で敵兵一〇人を殺すまで死なない。最後の一人になっても抵抗を続ける。そういった決意を兵士に促している。サイパンがそうであったように、上陸してきた米兵を迎撃するに当たり、日本軍守備隊はしばしば、半ば戦果を度外視した自殺的「作戦」を行った。「万歳突撃」といわれる。しかし栗林は、これを禁じたのだ。米軍にできるだけ多く打撃を与え、戦闘を長期化させる狙いだ。死ぬまでに一〇人殺せ、捕虜になるな、最後まで戦って敵と刺し違えろという指示はつまり、自決をするなということであり、また「万歳突撃」を禁じるものでもあった。

栗林は、もう一つの点で大きな戦術変更を断行した。

島嶼戦における日本軍の戦術は、敵を上陸させず水際で撃退する、というものであった。このころ、日米の戦力格差は広がる一方だった。硫黄島に限らず米軍の全兵力が上陸してしまった後では、日本軍に勝ち目はない。一方、逐次上陸してくる敵ならばさほど劣勢でもない。こちらの全体をもって敵の部分を叩くことも可能だ。そのための「水際撃滅作戦」であった。それを可能にするためには、コンクリート製の陣地（トーチカ）を築き、兵士を配置させる。当然ながら相応の人的・物的な手当が必要となる。

「水際撃滅」戦術の変更

日本軍は「絶対国防圏」の一角、つまり絶対に失ってはならないマリアナ諸島・サイパンなどでこの水際作戦をとった。しかし通用しなかった。米軍は上陸前に砲爆撃を執拗に行い、海辺の防衛陣地を破壊してしまったからだ。

栗林はこうした教訓をいかして、「水際撃滅作戦」だけに頼らない戦術に方向転換した。「縦深配備の防御構想」、つまりある程度の敵上陸を前提として、後方の陣地を整備、強化する戦術だ。

さらに総延長一八キロに及ぶ地下陣地を築いた。この陣地が、のちに米軍を大いに苦しめた。ただその構築は日本軍兵士にとって過酷な作業であった。

陣地構築を指揮した、第一〇九師団副官の小元久米治少佐らが回顧している。「坑道作業は地熱のため内部温度四九度（C）に達し、五〜七分の連続作業がやっとであり、掘り抜けると二七度（C）位となった。作業量は土《ど》丹岩《たんがん》の場合、五名一組で作業頭を交代しつつ一昼夜一米が精一杯であった。また食糧、飲料水の不足と水質不良のため、パラチフス、下痢、栄養失調患者が発生し作業人員が不足したほか、敵の砲爆撃による陣地、飛行場の復旧作業のため、多量の資材と人員を充当する必要があり、そのうえ元山第二飛行場の建設作業に多くの人員を差し出し陣地の構築を阻害した」(『戦史叢書　中部太平洋陸軍作戦〈2〉』)。

重機が豊富な米軍と違い、日本軍は人力が頼りだった。実際に地下壕を掘った、生還兵の金井啓はこう証言している。「ただでさえ地熱が高い上、有毒な一酸化炭素と硫黄を含んでいた。防毒マスクをつけなければならなかった。一〇分交代で掘り進んだが、その一〇分が死ぬほど苦しかった」。また大曲覚・元海軍中尉は「米軍は昼夜を問わず爆撃してきた。だから、ろくに眠ることもできません。さらにアメーバ赤痢が蔓延しました」と、筆者の取材に回顧した。渇きにも苦しめられた。硫黄島の日本軍守備隊といえば、戦力で圧倒的に勝る米軍を苦しめた奮戦ぶりが注目されがちだが、大曲は「米軍が上陸してくる前、すでにまともに戦える状態ではなかった」と言う。

前述のように、海軍は陸軍に比べれば補給面でまだましだったはずだが、水不足、食糧不足で連日の過酷な陣地構築がたたった。作業は二四時間、交代で続いた。水は前述のように一日水筒一本。大曲のそれは、腰に吊りやすいように平らで、大人の手のひら大、現在の五〇〇ミリリットル入りペットボトルより小さかったという。

少尉で硫黄島に着任した大曲は、島全体における兵士の状態を把握できる立場ではない。しかしながら、他の生還者の証言などから、全体の状況も似たようなものであったことは想像できる。

「地獄の中の悪夢」を見た米上陸軍

米軍は上陸前の一九四五年二月一六日から猛烈な艦砲射撃と航空攻撃を加えた。海軍守備隊がこだわった千鳥飛行場周辺にあった二四個の水際トーチカは、ほとんどが全壊もしくは半壊した。ただ、地下陣地で待ち構えていた守備隊の被害は軽微だった。水際一辺倒だった守備隊戦術の変更が奏功した。

二月一九日、米艦隊が硫黄島の周囲に展開した。実に五〇〇隻近く、迎撃する日本海軍の艦船は一隻もなかった。上陸は午前九時過ぎ、摺鉢山の麓、島の南東の海岸で始まった。米軍上陸時点で日本軍の迎撃は散発的で、一時間近く海兵隊の上陸が続いた。

栗林の狙いを、海兵隊報道班員として参加したビル・D・ロスが代弁している。すなわち「海兵隊を、まず、ほとんど抵抗もせずに上陸させる。そうすれば自軍の部隊を撃つのを避けるため、アメリカ軍は艦砲射撃も、空中からの爆撃も、やめるだろう。（中略）アメリカ軍は海岸線に兵員や弾薬物資を積み上げる。そこで日本軍は、大砲と迫撃砲とによる猛烈な砲撃を加えて、後続の上陸を断ち切る。クギづけされた海兵隊への増援を遮断する。すでに上陸した部隊には、容赦なく死傷者を出してもらう。そのあと、侵攻部隊を島から追い出す」というものだった（『硫黄島 勝者なき死闘』）。

午前一〇時ごろ、二七〇〇メートルほどの海岸に六二〇〇人の米兵がひしめいていた。一メートルあたり二人以上がいたことになる。さらに上陸用船艇が続いていた。そこで、鳴りを潜めていた日本軍の本格的な迎撃が始まったのだ。硫黄島の浜辺は火山灰が堆積したもので、斜面は崩れやすかった。

米兵たちはあわてて前進しようとしても足を取られた。開戦早々、被害は甚大であった。

米誌「タイム」などの特派員だったロバート・シェロドによれば、一夜明けた朝は「地獄の中の悪夢」であり、「死体が転がっている。それは可能な限り最大限の暴力によって殺された死体である。私は太平洋各地に転戦したが、このようにずたずたに切り裂かれた死体は、今まで見たことがない」（前掲書）という光景であった。

上陸部隊は大損害を被った。それでも米軍は上陸した南海岸から摺鉢山の麓を横切り、島の最狭部を押さえた。さらに同日夕方には正面約三・五キロ、縦〇・五〜一・二キロの橋頭堡を築いた。

米軍が上陸してくるまで、日本軍守備隊は目標の七割程度の「洞窟式交通路」（地下陣地）ができあがっていた。ただ、各部隊を結ぶ通路は四割程度にとどまった。さらに守備隊にとって痛手だったのは、南端の摺鉢山と島中央部を結ぶ地下陣地が間に合わなかったことだ。このため、司令部は摺鉢山に効果的な援軍を送ることができず、上陸五日目の二月二三日に占領された。ただ米軍のもくろみでは、上陸一日目に占領しているべき場所であった。予定より丸四日遅れたものの、山頂には星条旗が翻った。

摺鉢山は島を見下ろす要地だ。米軍のような航空機による攻撃も、砲撃の観測もできない日本軍守備隊にとってはことさらに重要であった。それだけに、摺鉢山を奪われたことはその後の戦闘に響いた。さらに、米軍にはふんだんな補給があった。しかし日本軍守備隊にはほとんどない。

若い少尉が見た栗林像

ところが、日本軍の組織的抵抗は三月二六日まで、三六日間続いた。日本軍戦死者およそ二万人に対し、米軍の戦死者は六八二一人、戦傷者は二万人以上に上った。米軍が戦力で日本軍を圧倒していた戦争末期にあって、後者の死傷者数が前者のそれを超えた、希有な戦いであった。栗林の指揮なしには実現しなかった善戦であり、「名将」と讃えられるゆえんだ。

しかし、大曲の栗林像は辛い。

米軍の上陸が目前に迫った一九四五年一月のことだ。「私は砂浜にいて、ボートで陸揚げされた荷物を振り分けて、運ばせる作業をしていました。荷物の中に薪があった。煮炊きに使うものです。誰かが後ろから「貴様、それは何だ」と声を掛けてきた。振り向くと栗林中将でした」。以前の会議で、大曲は栗林を見ていたので、それと分かった。

大曲はとまどった。薪であることは見れば分かる。海軍では薪というが、陸軍は別の言い方があるのか……。迷い、答えあぐねていた。すると栗林は「これは何だ」と重ねて聞いた。

「はい、薪であります」。大曲はそう答えた。すると、「中将は「なぜ薪など運ぶんだ。いま必要なのは武器弾薬ではないか」と、私をしかりつけました。しかし少尉の私が運ばせているわけではない。腹が立って「文句なら大本営に言ってくれ」、と言いたかった」。しかし、相手が中将では、陸海軍の違いがあるとはいえ位の差があまりにも大きい。言い返せなかった。が、「変な人だ、と思いましたね」。

すでに見たように、栗林は硫黄島から内地の家族に向けて多数の手紙を出していた。大曲は、この点でも一言ある。

「兵たちは壕掘りや陣地造りのため、ほとんど不眠不休で働いていました。おまけにアメーバ赤痢や飢え、渇きに苦しんでいた。手紙を書く余裕などありませんでした。また米軍が上陸してくる前、すでにまともに戦える状態ではなかった」という。「そうなったのは、兵団の責任です。栗林中将だけを批判するつもりはありませんが、家族に対する思いやりの何分の一かでも兵士を気遣ってくれたら、とは思いますね」とも。

栗林のいらだちの理由

大曲はこの時知るよしもなかったが、栗林のいらだちには背景がある。

前述のように栗林は水際作戦を改め、敵の上陸を前提とした作戦を立てていた。しかし海軍はこの方針変更に反対した。硫黄島には海軍の航空基地がある。常駐の軍艦が一隻もないのに、多数の海軍兵士が駐屯していたのはそのためだ。硫黄島はこの飛行場があることによって、「不沈の航空母艦」たり得た。実際、マリアナ諸島が陥落した後にも、硫黄島から発進した航空部隊が米軍に損害を与えることもあった。硫黄島の飛行場は、海軍としては絶対に失ってはならないものだった。いったん米軍に占領されてしまったら、これを追い払うことが極めて難しいこともまた、サイパンなどの戦訓で分かっていた。だから敵を上陸させない、という従来の戦術にこだわったのだ。

海軍の強みは、兵器やセメントなどの重要物資を輸送する船を持っていることだった。陸軍にはそれがほぼない。栗林は海軍が運ぶ物資に頼らざるを得なかった。結局、栗林は水際拠点の構築に同意した。一方で、海軍が提供する物資によって「縦深配備」も進めた。

必要な物資を得るために海軍と妥協はしたものの、栗林の不満と不安は収まらなかっただろう。自分の戦術からみたら、いらないものまで海軍は運んでいる。そんな認識だったはずだ。しかも、飛行場整備などに多大な人員を割かなければならなかった。日本海軍の機動部隊は「マリアナ沖海戦」によって米軍に完敗していた。硫黄島を守る機動部隊は存在しなかった。栗林からみて「無意味」な飛行場のために人や資材を割くことに、守備隊の最高指揮官として強い不満を感じていたのだ。

不満は他にもあった。栗林は、米軍は小笠原諸島の中でまず硫黄島に上陸してくると確信していた。だが大本営は本土により近い父島も重視していた。もともと小笠原諸島を守る「小笠原兵団」が司令部を置く地と想定されていたこともあってか、武器弾薬などが父島に集中する傾向があったようだ。

栗林は、前述の真田穣一郎陸軍少将に「糧秣だけでも(父島に)完全に一年半分あるのに、こちらには五〇日分しかない。父島まで送り込んで帰ってしまうのはいけない」などと訴えている。

侍従武官宛ての電報

先回りして言えば、米軍の侵攻が進む中の三月七日、栗林は本土に向けて電報を発している(『戦史叢書 中部太平洋陸軍作戦〈2〉』)。秦彦三郎参謀次長と蓮沼蕃《しげる》侍従武官長宛てであった。全九項目の中で、二項目が陸海軍の連携の悪さについて触れている。

まずは、第五項で「海軍の兵員は陸軍の過半数なりしも陸上戦闘能力は全く信頼に足らざりしを以て陸戦隊の如きは解体の上陸軍兵力に振り向くるを可とす。尚本島に対し海軍の投入せし物量は陸軍より遥かに多量なりしも之が戦力化は極めて不十分なりしのみならず戦闘上有害の施設すら実施する傾向ありしに鑑み陸軍に於て之が干渉指導の要あり。之が為陸海軍の縄張的主義を一掃し両者を一元的にならしむるを根本問題とす」とした。ただし、この第五項は『戦史叢書』では削られている。防衛庁防衛研修所戦史室が同叢書を刊行するに際し、「陸軍出身の西浦進戦史室長が海軍出身の執筆者たちに配慮してのことだったという」(秦郁彦『旧日本陸海軍の生態学――組織・戦闘・事件』)。

硫黄島は「不沈空母」になるはずだったが、米軍が上陸する前に友軍機はすべて失われていた。駐屯する海軍兵士は「陸戦隊」となったが、栗林が見る限り戦力にはならなかった。今後は陸戦隊を解散し、陸軍に吸収するべきである、とした。また海軍は陸軍より物資を多く確保していたがこれも十分な戦力にならず、さらに戦う上で有害な施設を造ることもあった。今後は陸軍が海軍に干渉、指導して縄張り主義を廃し一元化すべきである、という。

第八項はさらに激しい海軍批判である。「防備上最も困難なりしは全島殆と平坦にして地形上の拠点なく且飛行場の位置設備か敵の前進楔入を容易ならしめたることとなり　殊に使用飛行機も無きに拘らす敵の上陸企図濃厚となりし時機に至り中央海軍側の指令に依り第一、第二飛行場拡張の為　兵力を此の作業に吸引せられしのみならす陣地を益々弱化せしめたるは遺憾の極みなり」。

ただでさえ平らな島で、敵の進軍を食い止めるのは難しい。さらに平らな飛行場があることで、敵の進軍はより容易になってしまった。また使える飛行機がないのに、敵の上陸が見込まれる時期になっても飛行場を拡張するために兵力を吸い取られ、肝心の陣地がますます弱体化してしまった――。陸海軍の折り合いの悪さは長年の懸案で批判し合いがちだったが、栗林の海軍評は厳しく、怨嗟ともとれる内容である。

現地の指揮官が、公電を正規ルートを飛び越えて侍従武官に宛てるのは極めて異例だ。死を覚悟していたからだろう。蓮沼は、栗林が陸軍大学校在籍中の教官であった。侍従武官長は天皇に近い。陸海軍の連携の悪さは積年からの課題であり、戦局が極端に悪化する中で一元化が議論されていた。しかし実現するには、「大元帥」である昭和天皇の同意が不可欠であった。栗林が天皇に近い侍従武官に進言したゆえんであろうか。

いずれにしても、栗林は海軍との連携に悩みと不満を抱えていた。自分よりはるかに階級の低い大曲海軍少尉をどやしつけたのも、そうした日ごろからの鬱憤が言葉になったのものだろう。

最高指揮官への不信感とさらなる地獄

しかし、大曲は栗林のそうした怒りや憤懣を知らない。最高指揮官への不信感を抱きながら、大曲は陣地構築を続けた。「部隊ごとに地下壕を掘り、その上にタコ壺と呼ばれた一人が入る壕や塹壕を掘りました。重機はありません。頼りはスコップとツルハシ」だった。「慢性的に水が不足していました。食糧もわずか。栄養失調が続出していました。壕内の温度はセ氏五〇度を超えていました。壕を掘るのは命がけでした」。

年を越して昭和二〇年、米軍の艦砲射撃、空爆は日に日に激しくなった。「上陸直前はヒューヒューと砲弾が飛ぶ音がし、ダーン、ダーンという轟音《ごうおん》とともに地上で炸裂《さくれつ》する。それが延々と続く。島全体を破壊しに来たのではないかと思うほどで、こればかりは体験者でないと分からないでしょう」。夜になると砲爆撃はとまった。しかしひっきりなしに照明弾を打ち上げるので、島は昼間のようだった。「我々は壕にこもって、米軍が上陸してくるのをじっと待っていましたが、一方的に攻められるだけ。神経をやられてしまう兵がいました」。

こうした話を聞いていると、確かに米軍と戦う前すでに心身を病んだ者がたくさんいただろう、と想像できる。しかし実際に戦闘が始まると、さらなる地獄が待っていた。

武器弾薬の不足も深刻だった。大曲がいた南方諸島海軍航空隊(南方空。海軍の航空隊の一つ)は島の北東部、玉名山のそばにあった。「私の小隊六〇人のうち、小銃は二〇挺。あとは手榴弾が一人二個、手榴弾を遠くに飛ばす擲弾筒《てきだんとう》が二挺だけでした」。この小銃は「三八式歩兵銃」であった。明治三八(一九〇五)年に制式採用されたもの。大曲たちが戦っている時点からみて、四〇年も前に使われだした旧式銃である。

この間、欧州を中心とした第一次世界大戦を経て、軍事大国の兵備は急激に刷新されていた。しかし同大戦でさほど戦闘を経験せず、さらには科学・技術でも当時の先進国に大きく後れを取っていた大日本帝国には、欧州の強国やアメリカに肩を並べるように兵器をモデルチェンジすることができなかったのだ。その旧式銃でさえ、兵士一人一人に手にさせるだけの総合的な国力がなかった。背伸びに背伸びを重ねた軍国主義の象徴が、兵士三人あたり旧式銃が一挺しかないという現実だった。

死体に紛れて「特攻」

米軍は苦戦したものの援軍も補給もある。日本軍守備隊にはない。要衝の摺鉢山を失った守備隊は、じりじりと島北方に追い詰められていった。

大曲たちは米軍に追い詰められて本部を離れ、陸軍の部隊と合流し指揮下に入った。そこで示された「作戦」は「倒れている遺体から臓器を取り出して自分の体に塗りつけて、死んだように見せかけ、爆弾を抱えて戦車が来そうな所に隠れる」というものだった。「人間地雷」となって、敵の戦車を爆破するものだ。「特攻」といえば爆弾を搭載した飛行機もろとも兵士が敵艦に突っ込む航空特攻が知られている。ただ大曲が直面した「作戦」もまた、成功が兵士の死を前提とする点では「特攻」だ。

大曲は振り返る。「しかし味方の死体を裂くのは、爆弾を持って突っ込むよりつらい。それに成功するはずがありませんよ。最初は成功したかもしれないけれど、米軍も馬鹿ではない。日本兵の遺体を見つけると、戦車の機銃でずっと先から撃ちまくって、さらに火炎放射器で前方を焼き尽くしてから進撃してきた」。

大曲が所属していた南方空には、新兵の三田春次がいた。群馬県出身。郷里の郵便局に勤めていた一九四三年八月、海軍に召集された。航空隊に配属され整備兵に。父島を経て翌年六月、硫黄島に渡った。

島には三つの飛行場があり、もっとも南の第一飛行場(千鳥飛行場)に三田の部隊は配置された。しかし、その時点で「飛べる飛行機は一機もありませんでした。土の下には、機体の残骸がみじめな姿をさらしていました」。

整備兵の仕事はほとんどなかった。西海岸で見張員となった。「食糧事情は最悪」。軍属として残っていた島民が漁で得た魚介類と、自生するサトウキビが頼りだった。

三田が上陸した後、米軍の空襲や艦砲射撃があったが、長く続くものではなかった。「こんな、何もない島に上陸してくるとは思っていなかった」。

そして一九四五年二月一六日早朝。三田が当直の時、猛烈な攻撃が始まった。海には「雲霞のごとき艦船が島を何重にも囲っていた」。戦艦から放たれた砲弾の炸裂音がひびいた。攻撃には慣れているつもりだったが、この時は「ただ事ではない」と感じ、司令部へ走った。上官は命令した。「動揺するな。現場にとどまって死守しろ」。

三田の仲間は計七人。陸戦の経験者は一人もいなかった。武器は各一挺の三八式歩兵銃、弾は一〇〇発ずつしかなかった。「死守」と言われたところで、死んでも陣地を守ることは不可能だったろう。

補充された「竹やり」と訣別電報

金井啓がいた司令部からは、本土に向けて武器弾薬などの補給を依頼する電報を送った。すると数日後に輸送機が飛来して、落下傘で補給品を入れた箱を投下した。金井らは夜間に米軍の攻撃をくぐり抜けて、文字通り命がけでその箱を収容した。「胸を躍らせながら」箱を開けた。中に入っていたのは、竹やりだった。この時点で五〇〇年近く前、戦国時代の足軽の方が本物の槍を持っていただけでも重武装だ。

大曲と金井たちが絶望的な戦闘を続ける中、栗林は一九四五年三月一七日、本土の大本営に向けて訣別電報を発した。

「戦局最後の関頭に直面せり　敵来攻以来麾下《きか》将兵の敢闘は真に鬼神を哭《なか》しむるものあり　特に想像を越えたる物量的優勢を以てする陸海空よりの攻撃に対し宛然《えんぜん》徒手空拳を以て克く健闘を続けたるは小職自ら聊《いささ》か悦ひとする所なり（後略）」（『戦史叢書　大本営陸軍部〈2〉』）。

陸からも海からも空からも想像以上に圧倒的な戦力で攻めてくる米軍に対し、栗林率いる守備隊は「徒手空拳」、つまり「手に何も持っていない」状態だった。実際には武器があったものの、大曲と金井の証言から分かる通り、米軍に比べれば「徒手空拳」に近かった。それでも部下たちはよく戦った。栗林は大本営にそう伝え、死地に向かった。日本軍の組織的戦闘は同月二六日に終わった。

これに先立つ二二日の毎日新聞は、栗林のこの訣別電報を伝えつつ「硫黄島遂《つい》に失陥」の記事を一面トップで報じている。「敵損害三万三千」は過大な「戦果報告」だが、「作戦寄与の目的達成」という見出しは、硫黄島守備戦の狙いを伝えている。

敵に占領されてなお「目的達成」というのはつまり、「目的」はもともと硫黄島を守り抜くことが目的ではなく、あくまでも米軍の犠牲を増やし、日本本土侵攻を遅らせることであった、ということだ。沖縄と同じである。ではその多大な犠牲によって稼いだ時間で、日本軍が米軍などの連合軍を押し返すことができるかといえば、そうではなかった。東京などの主要都市は連日の空襲で壊滅状態になりつつあった。郊外の軍需工場も破壊された。石油などの戦略物資を海外から運ぶことも不可能になっていた。もはや敗戦は必至だったのだ。

生き延びた兵士たちの戦い

硫黄島日本軍守備隊による組織的戦いが終わった後も、生き延びた日本軍兵士たちの戦いは続いた。大曲は大小の地下壕を転々とした。食糧、水もない。負傷者がいて、遺体もあちこちにある。極限状態だった。

大曲が振り返る。「食糧を盗まれることも、盗むこともありました。死に際の戦友が水を飲みたがっても、誰も与えませんでしたよ。負傷者がうめき声を上げると、静かにさせるために首を絞める者もいました。むごい？　一週間、いや三日でもいいから、飲まず食わずで過ごしてみて下さい。イヌだってネコだって、生きるために食べ物を奪いあう。あの戦場ではみんな動物の本能がむき出しになったんですよ。戦場に聖人君子はいません」。五月一七日、先に投降した日本兵の誘いがあって捕虜となった。

金井啓がいた壕にも死体が多数あり、異臭が漂っていた。戦友が石に挟まれた。その石は金井たちが押しても引いても動かない。戦友は「自決する」と言った。やむを得ず手榴弾を渡したが発火しなかった。「拳銃で頼みます」。そう言われたが、できなかった。やがて手榴弾が炸裂して戦友は死んだ。

「私の体験では、壕の中で死んだ兵士は少ないと思うんです。最後はみんな、壕の中にいるのがつらくて外に出ましたからね」と金井は振り返るが、自身は最後まで壕にとどまった。

夜、海岸線に向かった。筏を組んで本土に戻ろうとしたのだが、海岸にたどり着くのが精いっぱいで、筏を組むどころではなかった。地下壕に戻ると、見知った日本兵が壕の上を通りかかった。米兵の服を着ていた。「どうしたんだ」と聞くと「死体からはぎ取ったんだ」と言った。

その男は「水を飲ませてやろう」と持ちかけてきた。壕の仲間は「危ないから出ない方がいい」と言うが、水に惹かれて外に出ると、そこには米兵たちが待ち構えていた。組織的戦闘が終わってから二カ月近く、金井は捕虜となった。

一九四六年に復員し、内装業などで生計を立てた。還暦を過ぎたころから、耳鳴りがひどくなった。「ジージーと」セミが鳴くような耳鳴りがやまない。相談した医師に聞かれた。

「大砲の弾などが近くに落ちたことがありますか」。

「自分がこもっていた壕に、何万発落とされたか分かりません」。

そう答えると、医師は断言した。「耳鳴りは一生治らない」。

西海岸の陣地にいた三田春次たち海軍の兵士は、陸軍の指揮下に入った。圧倒的な米軍の進撃によって後退を余儀なくされた。弾はすぐになくなり、戦死した兵士のそれを使いながらの戦闘となった。米軍上陸から数日後、三田たちは大坂山地区にたどり着いた。近藤龍雄が所属する部隊が配置されていた地区である。米軍に一方的に攻撃されるばかりで、三田たちは地下壕にこもらざるを得なかった。地熱と飢え、渇きに苦しんだ。「自分の尿まで飲もうとしました。飲めませんでしたが」。

部隊はすでに指揮系統を失い、彷徨する小集団と化していた。米軍の攻撃にさらされる中、水と食糧を探して壕を渡り歩いた。ある壕に入ると、米軍の火炎放射で焼けた遺体が横たわっていた。ねんごろに弔うこともなく、壕の中へ進む。「食べものがないかと。人間の本能のあさましさでしょうか。良心すら失っていました」。

もはや戦力を失った三田たちに、米軍は投降を呼びかけた。捕虜になった日本兵の肉声やビラによるものだった。

しかし、応じるものは少なく、三田も迷いながら壕にとどまった。東条英機が陸軍大臣だった一九四〇年に出された「戦陣訓」の「捕虜になるよりは死ね」という教えが頭にあった。米軍に投降したら殺されるのでは、という恐怖感もあった。

日本軍守備隊の組織的戦闘が終わってから一カ月ほど過ぎた後、三田は米兵によると思われる手榴弾で左臀部にケガを負った。歩行ができなくなり、やむなく投降した。

米兵の衛生兵は手あつく治療してくれた。三田は、「これが自分たちが教え込まれていた「鬼畜」

の姿なのか」と思った。

戦闘で死亡した島民たち

硫黄島からは一九四四年七月までに大部分の島民が強制疎開となっていた。残留したのは一六〇人。うち五七人は地上戦が始まる前に父島に移ったが、一〇三人は日本軍を支援する「軍属」として残った。原則として一六歳以上の健康な男性は島に残り、軍に協力するように求められたのだ。彼らは設営や炊事、道案内、伝令などを務めた。米軍の上陸後は地上戦に巻き込まれた。

須藤章(一九二四年生まれ)は島に残った一人だ(以下、夏井坂聡子『硫黄島クロニクル――島民の運命』より)。弟の雄三も残った。須藤はすでに徴兵の年齢に達していたが、病のため徴兵されていなかった。それでも硫黄島産業株式会社のコカの乾燥作業に従事させられていた。須藤は軍の徴用だと思っていたが、実際は同社の役員が残留させたもので、軍の正規の徴用ではなかった。須藤らを島に留め置いた役員は、「すぐ帰ってくる」と言い残して軍用機で本土に渡り、二度と帰ってこなかった。

この「偽徴用」の実態は、石原俊の『硫黄島』に詳しい。こうして会社によって置き去りにされた者は一六人。九月二七日に陸軍司令部に呼び出されて、自分たちが軍の徴用を受けていないことを知らされた。ところが、もはや本土に渡るすべもなく、ここで正式に徴用されることになった。

一九四五年二月、上陸前の米軍は硫黄島に激しい攻撃を行った。須藤によれば米軍の戦艦などが「海の水が見えないくらい、硫黄島を何回も何回も囲んで」いた。「海と空から砲弾、艦砲射撃、撃ちました。夜昼ぶっ通し」だった。

同月一九日に米軍が上陸。夜、隠れていた洞窟から涼むために外に出ていたところ、別の場所にいた雄三が「あんちゃん」と声をかけてきた。軍人から斬り込みに行け、帰ってくるな、と言われたという。「俺たちには、手榴弾の一つも無い」。須藤は何も言えなかった。雄三はその後行方不明となった。一七歳だった。

須藤は同年四月、米軍に拘束された。グアムからハワイに移され、敗戦を迎えた。「偽徴用」された一六人のうち、一一人が命を落とした。

硫黄島を巡る東条の上奏――甘すぎた現状認識

さて硫黄島に上陸した米軍に対して、日本軍守備隊は大きな打撃を与えていた。しかし援軍も武器弾薬も送ることができない以上、陥落するのは時間の問題でもあった。「帝都」＝東京の中心部から一二〇〇キロ余、喉元に刃物を押しつけられたようなものだ。となれば、日本側にとっては本格的に終戦工作を進めるきっかけにもなり得る戦いであった。

硫黄島に米軍が上陸する前後、昭和天皇は首相経験者ら「重臣」たちから戦局の見通しと対策について意見を聴いた。終戦工作が念頭にあったと思われる。一九四五年二月七日の平沼騏一郎から二六日の東条英機まで、七名がそれぞれの意見を述べた。

この中で、もっとも知られているのが近衛文麿であろう。日中戦争を泥沼化させ、大日本帝国破滅への道を開いたともいえる人物だが、戦局の見通しは正しかった。「戦局の見透しにつき考ふるに、最悪なる事態は遺憾ながら最早必至なりと存ぜらる」で始まる「近衛上奏文」で、敗戦必至と早期停戦を訴えたのだ（「近衛上奏文」。詳細は次章で見る）。

対照的だったのが東条である。二月二六日といえば、硫黄島で日米両軍が死闘を続けているときだ。そうした中で、東条は「我が国は作戦的にも余裕がある」と述べた（藤田尚徳『侍従長の回想』）。根拠の一つとして「作戦地域のおのおの本土との距離が、アメリカ本土からは八〇〇〇キロ、日本本土からは千数百キロ」であり、「補給能力は距離に自乗に逆比例」する、とした。この場合は硫黄島を指していると思われる。確かに、米軍の補給路は延びている。しかし米軍上陸後、日本側が守備隊にただ一人の援軍も派遣できず、武器弾薬すら満足に補給できなかったのに対し、米軍ははるかに恵まれた条件の下で戦っていた。

東条のこの認識には、上奏に侍立していた藤田尚徳侍従長が「米国の戦力の認定の甘さは誤りも甚だしいものではなかったか」と嘆息している。

東条はさらに強気であった。「今日、太平洋戦局をみるに、硫黄島に敵は上陸し来りたるに至れるも、従来敵の占領に委せたるは外域にして、而《しか》も占領地または委任統治により新付のものにして純粋の領土にあらず。真に日本の皇土に敵をみるは今回が最初のことなり」と述べた。

この部分の現状認識は正しい。日本は太平洋戦域で米軍に対して劣勢であり、占領地を奪還されたが、それらは開戦後占領していた地域や、戦前からの植民地などであった。だが硫黄島は固有の領土

＝皇土だ。そこに敵兵が上陸している以上、戦局は危機的状況にあることは明らかである。

ところが、東条の現状認識分析はまったく違った。「敵は開戦前四週間にして日本を屈服せしめ得と豪語せるが、四年後の今日漸く硫黄島にとりつき得たりともいい得。空爆の程度もドイツに比すれば序の口なり」などと述べたのだ。米軍が硫黄島に上陸したのは開戦四年後ではなく三年二カ月後である。敵の戦果を正しく認めない日本軍の悪癖は、この期に及んでも健在であった。また空爆を「序の口」といってのけたその半月後、首都は東京大空襲で焼かれ一〇万人が命を落とすことになる。

最前線で戦わされるのは庶民

東条は一九四四年夏、サイパン陥落の責任から首相辞任に追い込まれていた。この上奏の時点では政治的影響力は低下していた。とはいえ陸軍の首脳であり、天皇のそばで意見を述べる立場だ。その人物が、戦争についてこれほど甘い見通しを持っていたことを確認しておきたい。対米開戦前、この程度の人物が首相となり和戦を決める立場にいたことも。

開戦前、為政者たちは軍事的にアメリカを屈服させることができないことは認識していた。それでも、東条を含めた為政者たちは同盟国のナチスドイツがイギリスを屈服させれば、アメリカが戦意を失って講和できるという見通しで戦争を始めた。このことはすでに見た。そして、敗戦間際に及んでも蜃気楼のような見通しで絶望的な戦争を続けたのだ。

東条は一時、首相だけでなく陸軍で作戦部門の責任者である参謀総長も兼任していた。蜃気楼を現実と思い込んでいたその東条たちは、決して戦争の最前線には行かない。「軍隊に限らず、組織には役割分担がある。首相や参謀総長が最前線に行く必要はない」という主張もあるだろう。

一般論としてはその通りだ。しかし、東条が最前線には行かず戦争全体を俯瞰する位置と立場で戦争を指揮する任にふさわしくなかったことは、上記の昭和天皇への上奏からも明らかではないか。

ともあれ東条たちが始めた戦争の最前線で戦ったのは、国策決定にまったく関わることができない庶民たちであった。戦争全体で三一〇万人、海外で二四〇万人が命を落とした。そして戦後の日本政府は、まがりなりにも犠牲になった庶民たちの遺体や遺骨を収容してきた。しかし敗戦から八〇年近くが過ぎ、社会全体に戦争の記憶が薄れていく中、遺骨の収容を続けるためにどんな課題があるのか。次章で見てゆこう。

第5章

遺骨収容——問われる国の本気度

「日本人」のはずが外国人と判明

日本政府は一九五二年に独立を回復して以来、海外の戦没者遺骨の収容を続けてきた。当初から主力となったのは戦地からの生還者＝第一世代や遺族＝第二世代らであった。独立回復から七〇年が過ぎた現在、第一世代はもちろん第二世代も収容の現場に立つことは難しい。このため硫黄島に限らず、この先遺骨収容を継続するには、新しい担い手を恒常的に確保しなければならない。また、収容の主な現場は外国である。当然、政府同士の交渉が必要となる。いずれも行政が果たすべき役割は大きく、責任は重い。しかし、その責任を担うつもりがあるのか？ と感じざるを得ない事案が明らかになっている。

二〇一九年に発覚した、ロシアにおける遺骨の取り違え事件だ。

つまり、日本人ではない可能性が極めて高い遺骨を、「日本人」として日本に移してしまったのだ。死者とその遺族たちの尊厳を踏みにじる、あってはならない間違いであった。ロシアで起きたこの取り違えは、硫黄島を含めた各地でも起きているのではないか？ と考えざるを得ない。その可能性を吟味する上でも。この取り違え事件の経緯を詳しく見ていこう。

報道によって明らかになった事実

前述のように、第二次世界大戦では日本人三一〇万人が死んだ。海外の戦没者は二四〇万人である。現在、うち一二八万体が収容された（人数はいずれも厚労省の推計）。

国立千鳥ケ淵戦没者墓苑（東京都千代田区）には、このうち身元不明の三七万二六七体（二〇二二年七月一九日現在）が納められている。シベリア抑留の犠牲者も含まれている。二〇〇三年から毎年八月二三日、ここで抑留で亡くなった人たちの追悼式が開かれている。一九四五年八月二三日、ソ連の独裁者スターリンが秘密指令を出したことで抑留が始まった。このため抑留体験者や遺族らがこの日を「シベリアデー」とし、式を行っている。酷暑とせみしぐれの中、参列者が花を手向け、手を合わせる。

「日本人」の遺骨が納められていると思われていた墓苑に、外国人の可能性が高い遺骨が納められていたことが分かったのは二〇一九年七月。厚生労働省の担当者がロシアで掘り起こし、「日本人」として日本に移した遺骨が、DNA鑑定により外国人であると判明したことをNHKが報道した。報道の後、厚労省が再調査したところ、ロシアの九埋葬地から持ち帰った遺骨五九七人分のうち、八割近い四六〇人分が外国人のものと分かった。

「千鳥ケ淵に、日本人ではない遺骨が入っているのでは」という疑念は、前から言われていた。報道はその疑念が事実であったことを、世の中に広く伝えた。厚労省は事実を認めて発表した。「報道がなくても発表するつもりだったのか」。厚労省が取り違え判明を受けて開いた記者会見で筆者がそう聞いたところ、担当者は「そのつもりだった」旨を答えたが、記者たちからは失笑がもれた。後に見るフィリピンの事例からすると、「報道で明らかにならなければずっと公表しなかったのでは」とも考えてしまう。

遺骨収容にまつわる疑問

冷戦下、ソ連などの東側陣営では遺骨を掘り起こすどころか本格的な調査すらできなかった。国交がなかった中国も同様である。対日感情が極めて悪かった他のアジア地域でもそうだ。そうした時期を含めて、よくも一二八万体近くもの遺骨を収容できたものだと、筆者は以前から思っていた。同時に二つの疑問があった。

一つは「本当に一二八万体も集めたのだろうか?」という疑問だ。

前述のように筆者は二〇一二年七月、第二次世界大戦の激戦地となった硫黄島で戦没者の遺骨収容団に参加した。現場は島中央にある自衛隊滑走路の西側であった。米側の資料で「集団埋葬地」とされていた場所だ。遺骨は折り重なるように埋まっていた。頭骨のすぐ脇に、太腿の骨があったり、どの部位か分からない骨があったりした。個別に埋葬されている場合はともかく、このような集団埋葬地(筆者が参加した現場は、埋葬というより米軍が日本軍兵士の遺体を重機などで無造作に埋めた可能性が高いが)では、遺骨の数え方は非常に難しい。

たとえば同じ現場で頭蓋骨を一体と数え、右太腿を一体と数えたら、同一人物の遺骨を二体とカウントしてしまう可能性がある。だから、そうした場合は頭蓋骨、あるいは右の太腿の骨など一人一つしかない部位を決めて、厳密に数えるのが基本だ。

政府による遺骨収容事業が本格的に始まったのは、サンフランシスコ講和条約が発効し独立を回復した一九五二年。以来、政府の事業で収容したのは三四万体である。他の九四万体は、遺族や戦友らが収容したものだ。これら一二八万体すべてが、上記のような厳密な識別の仕方で収容されたのだろうか。

現状、厚労省は基準を持って収容数をカウントしており、ダブルカウントの可能性は低くなっている。ただ、一九五二年当時はどうだったのか。何を基準に「一体」と数えていたのか。国の事業として集められた遺骨でさえ、「一体」の基準がどうだったか詳しくは分からない。仮に三四万体すべてが科学的に正しい基準でカウントされていたとしても、民間人が集めた九四万体がどんな基準で収容していたのか、筆者の調べた限り詳細は分かっていない。厚労省も「分からない」とする。

早くから遺骨収容に参加したある遺族は、私の取材に「左右の大腿骨の一対がある場合に一体と数えた」と話していた。

そのように厳密にカウントしたケースもたくさんあるだろう。しかし、筆者自身がそうだが、遺骨収容に参加すると「一体でも多く日本に帰ってほしい」と思う。その気持ちが、実際より多くの遺骨をカウントしてしまうことにつながることもあったのでは、とも思う。そうだとすると、収容した遺骨は一二八万体を下回ることになる。

「本当に一二八万体収容したと思いますか？」。取り違え発覚後、筆者は厚労省の幹部にそう聞いた。

「……そう信じています」。幹部はそう答えた。

収容した「一二八万体」は日本人か？

もう一つの疑問は、「全員日本人なのだろうか？」ということだ。

ソ連は一九四五年八月九日未明、国境を破って満州国に侵攻してきた。満州国は日本の傀儡《かいらい》国家、事実上の植民地で敗戦時に一五〇万もの日本人が暮らしていた。多くの非戦闘員がソ連軍に殺され、あるいは逃避行の途中で死んだ。関東軍の兵士や民間人らおよそ六〇万人がソ連やモンゴル領内に抑留され、最長一一年に及んだ。六万人が死んだとされる（拙著『シベリア抑留　未完の悲劇』）。

ほとんどが一九四五年夏に戦闘が終わった後の死者で、戦場ではなく収容所や作業場などで亡くなった。戦闘中の死に比べて、誰がどこで亡くなったかなどを伝える埋葬記録が比較的多く残っている。厚労省は、そのシベリアにして遺骨を取り違えてしまったのだ。

一方でガダルカナルや硫黄島、あるいはビルマやニューギニアといった激戦地で亡くなった兵士については、そうした記録は少ない。「シベリアで行った間違いは、他の戦地でもあったはずだ」と考えざるを得ない。

つまり、ロシア以外の諸外国でも、外国人の遺骨を日本人として間違って持ち帰ってしまい、千鳥ケ淵にはシベリア以外も外国人の遺骨が納まっている可能性がある、ということだ。しかし後述するように、現状ではそれらの遺骨が日本人かどうかを特定することは極めて困難である。

素人が、骨の形状を見て日本人かどうかを判断することは不可能だ。形質人類学を学んだ専門家ならば可能かもしれない。あるいは、今日のDNA鑑定の技術によれば可能だろう。しかし、政府派遣の遺骨収容に人類学の専門家が同行するようになったのはごく近年のことだ。また日本で戦没者のDNA鑑定が始まったのは二〇〇三年である。

それ以前に収容された遺骨の中には、外国人の遺骨が含まれているのではないか。筆者は一〇年以上戦没者遺骨の収容問題を取材していて、そういう疑問を持っていた。その想像が正しいことが分かったのが、上記のNHKの報道であった。

厚労省は他国の住民の墓から遺骨を掘り起こして焼き、それを日本に移送していたのだ。しかも日本人と取り違えた多数の遺骨が、東京・千鳥ケ淵の国立戦没者墓苑に納められてしまっていた。同墓苑は多くの遺族が訪れ、戦争で亡くなった故人を悼む場所だ。遺族たちは、まったく縁のない外国人の遺骨に向かって手を合わせていたことになる。取り違えは、取り返しのつかない失態である。

繰り返された専門家による指摘

ソ連での遺骨収容が可能になったのは、長い冷戦が終わった後の一九九〇年代初めだ。それ以前は遺骨を探すどころか、まともな調査すらできなかった。以来二万体以上が収容され、日本に移されている。硫黄島から一万体余りしか帰還していないことを考えると、成果は上がってきたといえる。

一方で、ソ連の後身であるロシアで収容された遺骨のＤＮＡ鑑定に当たった日本の専門家が、繰り返し「日本人ではない」可能性を指摘していた。たとえば二〇一八年八月、鑑定に当たった専門家が、厚労省が二〇一四年に「日本人」として持ち帰った遺骨一六体について、「判別できた一四の遺骨はすべて日本人ではない」という鑑定結果を非公開の会議で示した。しかし厚労省は再調査をしなかった。「遺骨取り違え」の可能性があることを外部に発表することもなかった。さらに二〇〇〇年に収容された七〇体の遺骨についても、専門家が二〇一七年に「日本人ではないのではないか」と指摘していた。

事実とすれば、外国人の骨を持ち帰ってしまったことになる。墓場から掘り起こされた外国人にも遺族がいる。非常に重要な案件だ。取り違えの可能性をロシア側に伝えなければならないし、遺骨を再調査する必要もある。ところが厚労省はこの事実を明らかにせず、明らかにするための準備もしなかった。

身元が判明した場合、厚労省はその事実を発表する。遺骨を受け取った遺族が同意した場合はメディアに遺族を紹介し、報道されることもある。しかし取り違えの事実は伏せたままだった。収容事業の成果は誇示し、失敗は隠すという姿勢がにじむ。

遺骨の形状だけで人種を特定することは、熟練の人類学者が研究室の環境で行っても、容易ではない。まして素人には不可能である。だから間違って外国人の遺骨を収容してしまうこと自体は、避けられないことだ。それ自体を責めることは酷である。間違ったと分かった時点でその事実を公表していれば、問題は大きくならなかっただろう。

しかし厚労省は公表を見送った。「隠蔽」ととられても致し方ない。報道で大失態が明らかになり、経緯を調べるべく、「日本人でない遺骨が収容された可能性が指摘された後の対応に関する調査チーム」(対応調査チーム)を設置した。DNA鑑定人会議で日本人ではない遺骨が収容された可能性が指摘されたにもかかわらず、結果として厚労省が何の対応もしなかった経緯を調べるためだった。

弁護士ら五人からなるチームは二〇一九年一〇~一二月の二カ月間、取り違えの期間に在職し、遺骨収容やDNA鑑定に関わった大臣官房審議官や課長、室長ら同省職員のべ三四人と職員以外のべ二一人に聞き取りを行った。さらに一二月二三日、調査結果を記した「報告書」が公表された。それにより、信じがたいほど杜撰《ずさん》な遺骨収容の実態が明らかになった。

「墓荒らし」

報告書によれば、鑑定が始まった二年後の二〇〇五年五月、ロシアで収容された遺骨について「本当に日本人かなと思ってしまう」という趣旨の指摘が鑑定人会議であった。その後も同様の指摘がたびたびなされた。たとえば同年一〇月の鑑定人会議では「埋葬地の図面上、西洋人墓地の近くで収集した遺骨のデータが日本人のデータベースにある配列に見えない」旨が述べられ、日本人の遺骨ではない可能性が言及された。要するに、鑑定したところ、外国人の遺骨だと思われる、という指摘だ。

さらに別の鑑定人が「遺骨の回収方法」を聞いた。外国人の墓を掘ってしまったのではないか、という懸念からだろう。厚労省職員は「ロシアからもらった日本人の抑留者名簿に基づいて埋葬地の資料を基に調査をし、現地の関係機関や関係者の協力を得て、試掘をして日本人だと確認した上で収集してくる」との説明を行った。さらに別の職員は「当該埋葬地の隣接地にロシア人の墓地があるので、混在の可能性がある」ことを指摘した。また担当課長は「西洋人と日本人とが入れ違っている可能性がある」と述べた。

この時点で、厚労省の職員は外国人の遺骨を日本人として掘り起こし、持ち帰ってしまった可能性があることを認識していたことが分かる。事の重大さを感じるべきだった。

報告書のこのくだりを読んでいて、筆者は二〇〇八年夏に抑留経験者や遺族らの墓参団に参加してシベリアに渡ったときのことを思い出した。現地で聞いて印象に残ったのは、「古い墓地の上に新しい墓地を造ることがある」ということだった。誰かを埋葬した上に、別の人を埋めるということだ。つまり一九五六年末まで行われた抑留で亡くなった日本人の墓の上に、現地のロシア人の墓が造られる場合がある、ということである。

鑑定人の「日本人ではないのでは」という指摘は結果的に正しかった。厚労省の職員は軌道修正の道が提示されたにもかかわらず、無視してしまった。そして、ロシア人と思われる遺骨を日本に持ち帰ってしまったのだ。悪意はなかったとしても、行為自体は「墓荒らし」と言われても仕方ない。

厚労省の杜撰な対応

報告書によれば、当時の担当課長は調査チームに対してこう話した。「役所での勤務の中で自分としては大きな出来事は二〇年前でも三〇年前でも記憶に残っているが、この問題についての記憶はない」。

筆者はこの聞き取りを読んで、二つの可能性があると感じた。

一つは本当に「記憶がない」ことだ。間違って外国人の遺骨を日本人として持ち帰ってしまったとしたら、人道上大いに問題がある。外交問題にも発展することは必至だ。それでも「大きな出来事」と認識していなかったとすれば、当時のこの担当者の人権感覚、国益に関する感覚があまりにもにぶい、と言わざるを得ない。

もう一つは、本当は覚えている可能性だ。当時も「たいへんな問題だ」と思ったが、結果的に何もしないままスルーしてしまった。その責任を追及されることを恐れて、「覚えていない」と虚偽の返答をしているのかもしれない。

いずれにしても、厚労省の推計である「一二八万体＝日本人」が事実ではないことが確認された。

報告書は他にも、厚労省の担当者のやる気や責任感を疑わざるを得ない記述がある。

たとえば、二〇一二年六月に開かれた鑑定人会議だ。鑑定に当たった委員が極東ハバロフスク地方で収容されたおよそ一三〇人分のうち、一八の遺骨は「女性と思われ」、かつ日本人ではない可能性も指摘した。さらに同会議の座長は「本当に日本人の埋葬地の遺骨を取っているのかどうか不安がある旨述べた。さらに、ロシア人の遺骨を持ってきておいてよいのか、これをロシアに返す必要があるのか、という趣旨の発言をした」。

同省としては、「女性一八人」というこの指摘に反応すべきだった。抑留された日本人およそ六〇万人の中に女性が含まれていたことは確かだ。しかし、全体の一％に満たないとされる。一新聞記者である筆者が知っていることだ。厚労省ならば当然把握できるだろうし、していなければならない。把握していれば、「一二〇分の一八が女性」というデータの特異性、女性の比率が異常に高いことが分かるはずだ。

鑑定人会議のメンバーである、ＤＮＡ鑑定の専門家が抱いた「本当に日本人なのか？」という疑念は、科学に裏打ちされた鋭い指摘であったのだ。そして、厚労省が取り返しのつかない間違いを最小限にとどめる好機でもあった。

報告書によると、厚労省の担当である外事室長はこう答えた。

「埋葬地自体は合っている。試掘や現地調査を三回程度行っている。ロシア人墓地と重なっているような場所では、鑑定人が頭の骨でモンゴロイドと判断して持ち帰っている。また埋葬地の名簿には女性のような名前がある。病院埋葬地なので、日本人の女性がいた可能性もある」。

科学的指摘を無視

病院跡地であれば、確かに日本人の女性看護師がいたかもしれない。しかし、一八体の遺骨すべてが日本人であるとは限らない。少なくとも、ロシア人の看護師がいた可能性は排除できない。

納得できない鑑定人側は、なおも食い下がった。二〇一二年一〇月の鑑定人会議では、座長が「ほとんど日本人ではないのではないか。埋葬地の場所が違っているのではないか、日本人墓地を開けていないという感じである」と指摘した。もともと二〇〇三年に国が始めた戦没者遺骨のDNA鑑定は、遺族とDNAの型を突き合わせて身元を特定するためのものであり、人種を特定することが第一義ではなかった。データの積み重ねが十分でない中、遺骨だけで「日本人」「日本人ではない」と判断するのは、科学者として相当な確度を持っていないとできない。相当思い切った指摘だ。

当時の厚労省外事室長は、「ロシア側の提供資料に合わせ、三回くらい現地調査もしており、場所に間違いはないが、どうしてこういうことになっているのかが分からない」と述べた。

長い冷戦期、西側の日本が東側諸国の盟主であるソ連で、遺骨の発掘を本格的に行うことはできなかった。調査すら不可能だった。一九九〇年代に入ってようやく調査と発掘が本格化したが、埋葬記録など多くの資料はソ連側が持っていた。だから、ロシアが「ここが日本人の墓地だ」と提出してきた資料に頼らなければならないのは致し方ない。日本側が、紙の資料ベースでそれを反証するのは困難だ。

しかし、その資料も絶対ではない。厚労省は遺骨の身元特定をDNA鑑定に頼っている。その鑑定で「日本人ではない」という疑義が生じた以上、速やかに措置すべきことがある。「分からない」まで放置していい案件ではない。まずはロシア側に、遺骨を取り違えてしまった可能性を伝えるべきだった。しかしそうはしなかった。

厚労省は嘘で科学者をだました？

さらに問題なのは、「日本人ではない可能性がある」とたびたび指摘した専門家に対し、厚労省が事実と異なる説明をしていたことだ。

報告書は、「複数のＤＮＡ鑑定人会議において担当者が、シベリアは現地の専門家などが日本人であることを現地で確認しているから間違いはないという旨の発言をしているが、当該埋葬地は実は骨の形質鑑定が作業要領に位置づけられる前であったため遺骨の形質鑑定はなされていないのであるから、誤った前提に基づく説明を行っていたことになる」としている。

「日本人ではない可能性がある」という鑑定人の指摘を受けた厚労省の担当者が、「現地の形質鑑定の専門家が確認してます。日本人に間違いありません」と答えたというのだ。形質鑑定とは、人類学者らが骨の形状をみて人種などを推定するものだ。しかし実際はそうした鑑定は行われていなかった。担当者は単なる勘違いで説明したのかもしれないが、「その場しのぎのために意図的に嘘をついたのでは？」と思われても仕方ないだろう。

筆者はこうも思った。「よくも、こんな杜撰な収容を続けたものだ。日本人かどうかはどうでもいい。収容する遺骨の数が増えればそれでいい、ということか」。

「とんでもないこと」と元抑留者

遺骨取り違えについては、「対応調査チーム」と並行して、取り違えに至る経緯を調べるチームも発足し、検証に当たった。「戦没者遺骨の所属集団の鑑定及び鑑定方法の検討等に関する専門技術チーム」だ。法医学者や人類学者ら一〇人からなる「収集手順班」と「DNA鑑定班」の二班で、ロシアから移送され「日本人ではない可能性がある」とされた五九七人分の遺骨の再鑑定と取り違えに至った経緯を検証し、二〇二〇年三月二五日に「専門技術チーム報告書」が発表された。

それによれば、ロシアの九埋葬地五九七人のうち四六〇人分を収容した七埋葬地は「日本人を主体とした埋葬地ではなかった」。さらに残り二カ所のうち九四体が収容された一カ所は「日本人と日本人以外の混合埋葬地」で、「日本人が埋葬された墓地」は一カ所、四三体のみだった。

そして、すでに外国人の遺骨を現地で焼き日本に移動させてしまったことが改めて分かった。それを「日本人」として国立千鳥ケ淵戦没者墓苑に納めてしまっていたのだ。八月二三日に、抑留生還者や遺族らが手を合わせるその地に、である。

元シベリア抑留者の新関省二(一九二六年生まれ)は、取り違えを知り、「自分の家のお墓に他人を入れてしまったようなもの。とんでもないことだ」と憤った。

新関は敗戦時、満州にいた。ロシア中部のケメロボ州などで四年間抑留された。たくさんの仲間が死んだ。埋葬の際に「[遺骨を]必ず[日本に]帰す」と誓った。「長く放置してきたうえに、持ち帰った遺骨が日本人でなかったなんて……」。

ＤＮＡ鑑定の専門家が繰り返し「日本人ではない可能性」を指摘していた。しかし厚労省は無視していたのだ。その反面「日本人」という判定はそのまま受け入れ、事業の成果として発表していた。分かりやすいといえば分かりやすいが、驚くべきご都合主義である。

問題となったロシアの九埋葬地では一九九九〜二〇一六年に遺骨が収容された。「専門家はたびたび取り違えの可能性を指摘していた。なぜ、もっと早く再調査、公表に至らなかったのか」、遺骨の取り違えが表面化した後、筆者は厚労省の幹部にそういう疑問をぶつけたことがある。答えは「ロシア側は「日本人」として返還に応じています。日本だけの判断で決められることではない」という趣旨だった。

絶望的に立ち遅れた抑留研究

一九四五年の敗戦後、連合国軍総司令部（ＧＨＱ）に占領されていた日本に外交権はなかった。ソ連に多くの日本人が抑留されていると知りながら、早期帰還をソ連に直接訴えることさえ困難で、アメリカなどの口を借りなければならなかった。一九五二年、サンフランシスコ講和条約の発効で日本政府は独立を回復したが、それでも日本人をソ連から取り戻すことができなかった。

一九五六年の「日ソ共同宣言」によって国交が回復し、ようやく抑留は終わった。抑留は最長一一年、死者は六万人に及ぶ。国交は回復したものの、時は冷戦まっただ中だ。ソ連は東側陣営の盟主で、日本はアメリカを盟主とする西側陣営である。六万人の遺骨を掘り起こし日本に帰還させるどころか、墓地の調査や遺族の墓参、抑留の実態調査すらままならなかった。それらが本格的に進むのは、冷戦が終わった後の一九九〇年代以降である。

日本政府の対応は遅すぎた。冷戦下でも、遺骨を取り戻す措置をもっとすべきだった。そしてその政府の尻を叩くべきアカデミズムの抑留研究も、絶望的に立ち遅れていた。一般に歴史学は文書資料に頼るところが大きい。抑留加害国であるソ連側から、加害の資料を引き出すのは困難であった。まして冷戦下である。こうした制約があるにせよ、日本近現代史に特筆される抑留という大事件の研究が進まなかったのは、研究者たちの怠慢と言わざるを得ない。

現地証言の信憑性

もともと抑留の現場がソ連領内だったため、ソ連側の資料頼みになること自体は避けがたいところだ。しかし、「専門技術チーム報告書」は「いくらなんでも、こんなにアバウトな発掘はないだろう」と感じざるを得ない内容だった。要するに「大ざっぱな地図」で大ざっぱに発掘をしたのだ。

ロシアから墓地の場所についての資料提供はあった。しかし詳細なものではなかった。であれば、他の資料や証言と突き合わせる必要があった。厚労省の担当者は現地の人たちに聞き取りをしたようだ。

では現地の人たちの証言はどれくらい信憑性があったのか。

報告書では、「ロシア側から資料提供は有ったが、日本人のみが埋葬された正確な場所かは不明である。（中略）収集した埋葬地付近を「日本人」埋葬地とみなした根拠は、ロシア政府提供埋葬地資料であり、説得力がある。ただ、この資料は簡易かつ大ざっぱな地図であり、この資料を正確なものとしてそのまま現実にあてはめるのは危険である」とし、さらに「どの墓域に日本人が埋葬されていたかは、ほぼロシア側の情報のみである。これらの情報は、大まかな方角や距離感を意味しているのみであり、ロシア現地住民の証言などのみに頼ることは危険である」とする。

抑留の死亡者は一九四五〜四六年に集中している。特に最初の冬を越せなかった人が多かった。以来半世紀以上が過ぎている。現地のロシア人は代替わりしており、記憶が薄れるのは当然だろう。しかし厚労省の担当者は頼ってしまったのだ。

収集手順班の報告書によれば、アバウトな地図で発掘を始めて終わった後も「日本人ではない」と気づくチャンスはあった。たとえば「深さ二〇〜三〇センチ」と「九〇〜一〇〇センチ」と深さの違う場所で遺骨が発見されていた、という。報告書はこれについて「埋葬時期が異なる遺骨が混ざっている可能性を示している」とした。日本人墓地の上に、現地ロシア人墓地が造られたのではないか。あるいはその逆なのではないか。担当者はそういう可能性を考えるべきだった。しかしそうはしなかった。

ぞんざいな「日本人墓地特定」に至る経緯は、他にも指摘されている。

「発掘現場を確定した根拠がロシア側住民の証言であり、その妥当性が「凹地」等である、というだけのものもある。「凹地」は地面に埋葬された棺《(ママ)》が土圧などで潰れて土中に空隙《くうげき》ができ、その空隙を埋めるように土壌が陥没したためであり、「日本人が埋葬されている」ことを補強するものではない」。

凹地は、そこが墓であるという目安にはなる。しかしそこが日本人墓地であると断定することは当然ながらできない。ここでも信頼に足る他の資料、証言と突き合わせるべきであった。しかし「複数の証言のクロスチェックが行われていたかどうかについての記録はない」。

ソ連側の資料や証言は限られており、遺骨を取り違えること自体は避けがたいことだ。問題は間違える可能性を認識して、可能な手を打つことだ。たとえば骨の形状で人種を推定できる、人類学の専門家など鑑定人を同行させることだ。しかし報告書によれば、「収集時期が古いものなどについては、鑑定人が同行していないものもあり、この場合は人種の特定は不可能である」。

日本政府の戦没者遺骨収容事業では長く、収容した遺骨を現地で焼いてきた。そして焼かれた遺骨は、現状ではDNA鑑定ができない。つまり少なくともDNA鑑定では、人種も身元も特定できなくなってしまったのだ。

「この人たち、現地で収容に当たった厚生労働省の担当者たちは、本当に日本人の遺骨を日本に取り戻すという気持ちを持っていたんだろうか」。報告書を読んで、筆者はそう思った。

フィリピンでも行われていた取り違えと隠蔽

厚労省が遺骨を取り違えていたのは、シベリアだけではなかった。フィリピンでも行われていたことが、前述の「対応調査チーム」の調査過程で明らかになった。そしてシベリアと同じように、ここでも厚労省による隠蔽が行われていた。

同チームの調査報告書によれば、専門家がその取り違えの可能性を指摘したのは、二〇一一年六月に行われた鑑定人会議であった。専門家は「絶対に日本人ではない。その報告を表に出してほしい」と強く要請した。しかし「厚労省からはこの要請に対し、何も発言がなされないまま今後の予定などの話となり、会議は終了した」。

さらに同年一〇月に開かれた会議で、この鑑定人は「自分が鑑定した検体は日本人ではないと念を押し」た。さらに「鑑定人たちは［遺骨を］家族に返したい、違うものは違うとしてやりたいというのが希望であり、中途半端な発表にしないで、鑑定結果の中身はできるだけ出たとおりに報告してほしい」と述べた。

つまり、「鑑定した遺骨は日本人のものではない」ということを発表してほしい、という主張であった。確信に基づく迫力が伝わってくるくだりである。しかし、厚労省は発表しなかった。

前述のように、遺骨のＤＮＡ鑑定は二〇〇三年に始まった。報告書や関係者の証言などによれば、「日本人ではない」可能性について、鑑定人たちの指摘は当初から確信に満ちていたわけではない。南方などでは土壌や気候などの影響からＤＮＡの採取自体が難しく、採取してもクリアなデータを取ることができない場合がままある。だから専門家といえども「日本人ではない」と言い切るのは難しかったのだ。

一方で、このケースではフィリピン側が、またシベリアのケースではロシア側が「日本人の遺骨」として移送を認めている。厚労省担当者が「DNA鑑定では疑わしくても、相手国は断定している。日本人の遺骨のはず」と考えるのも、ある段階まではやむを得ないかもしれない。

だがDNA鑑定が進むにつれて、データが積み上がっていった。ロシアやフィリピンで収容された遺骨について、鑑定人たちが確信を持って「日本人ではない」と指摘できるようになったのだ。厚労省は、少なくともこの段階で遺骨の再鑑定を行うか、相手国に事情を説明して共同検証を行うかすべきであった。

これが「情報公開」?

さて報告書によれば、一〇検体は日本人ではないと断言しその事実を明らかにすることを求めた鑑定人に対して、厚労省の担当室長はこう答えた。

「鑑定人会議の発言内容については議事録が、また報告書もすべて残されているので、情報公開の開示請求が来れば、すべてオープンに出すという形になっている」。同趣旨のやりとりが鑑定人と室長との間で繰り返されたが、お開きになった。結局鑑定人の申し入れ、「鑑定した遺骨は日本人のものではないということを発表すること」は拒否されたままとなった。

「情報公開の対象になるから、そういう発表をする必要はない」、というのが担当室長の言い分だ。しかし、そんな請求をする人がどれくらいいるだろうか。

当時ほとんどの国民はおそらく、戦没者遺骨の身元を特定するためのDNA鑑定が国によって行われていることを知らなかっただろう。であれば、そもそも情報公開を請求する人も皆無に近いだろう。一方で、専門家が科学的な見地から「絶対に日本人ではない」と確信を持って断言しかつその事を公表することを求めているのだ。

しかし厚労省の担当者はそれを無視し、その場しのぎのような発言で場を収めようとした。行政のミスもしくはミスの可能性を隠蔽しようとしたとしか思えない。

「すべて日本人」と虚偽の説明

この一〇検体のやりとりがあったころ、厚労省はフィリピンで収容された別の遺骨について調査を行っていた。厚労省が委託していたNPO法人がフィリピンで多数の「日本人」遺骨を収容したものの、日本人以外の遺骨が含まれているのでは、という指摘がなされていた。同省は検証チームを結成し、三一一体の遺骨についてDNA鑑定を行い、二〇一一年一〇月五日に検証報告書を公表した。同月七日には小宮山洋子厚労相（当時）が閣議後会見で「これまでに帰還した遺骨はすべて旧日本兵のものと考えてよい」などと述べた。

専門家が「絶対に日本人ではない」と断言した一〇体は、この三一一体に含まれていなかった。つまり、厚労省は「日本人」と認定できたものだけ発表し、そうでないものを発表しなかったのだ。隠蔽そのものである。そして、大臣に事実と違う発言をさせてしまったのだ。

「対応調査チーム」は、「一〇検体会議」に参加し、かつ上記フィリピンでの検証チームのメンバーだった担当課長に聞き取りを行った。元担当課長は「日本人ではないとの指摘がなされたという記憶は定かではない」と答えたという。「記憶にありません」「記憶が定かではありません」は、使い方によっては便利な言葉だ。ある者の記憶の有無は、他人には分からない。だから嘘をついているのか、本当に記憶がないのかも判断できない。だから裁判などで連発されるのだろうか。

いずれにしても、このフィリピンでの取り違えも報道がなければ表に出なかっただろう。同じような取り違えと隠蔽がないとは考えにくい。

早く収容を再開したかったから?

一〇検体を検証報告書に記載しなかったことについて、別の職員はこう話した。

「今にして思えば、収集の再開が見えてこない状況であり、再開に影響を与えるので記載しないということになったのかもしれない」。

これは重要な証言だ。NPO法人の一件で、フィリピンでの遺骨収容がストップしてしまった。できるだけ早く再開したい。だから一〇検体のことは書かなかった、ということだ。筆者は、もしそれが本当の理由ならば「そういう気持ちも分からなくはない」と思う。大切な人の遺骨が帰るのを待っている人がたくさんいるからだ。しかし、そうだとしても「一〇検体」について、しかるべき時に「日本人ではない可能性が高い」と明らかにすべきだった。しかしそうはしなかった。

著しい専門性軽視

報告書を見ていて感じるのは、厚労省の担当者がＤＮＡ鑑定人の専門性を軽視していたことだ。たとえば一〇検体の件で、調査チームの聞き取りに対して担当課長は「ＤＮＡ鑑定は統計的に優位性を判定するものであり最終的な判断とは言えない。（中略）フィリピンから帰還した遺骨は宣誓供述書やフィリピン国立博物館が日本人と鑑定しているものであり、南方の遺骨は鑑定が難しくＤＮＡ鑑定だけで日本人であるか否かを判断することは難しい」と答えたという。

この場合、日本の専門家かフィリピン側かどちらかが間違った判断をしたことになる。厚労省は前者が間違っているという判断をした。その根拠は、要するに少なくともこのケースに限っていえばＤＮＡ鑑定は信憑性が薄く、フィリピン側が高いということだ。しかし、フィリピン側の「宣誓供述書」と「フィリピン国立博物館の判断」が、日本の専門家の判断より信じられるという根拠が示されておらず、説得力に乏しい。

「遺族の心情に思いを」

実は、取り違え以前にも戦没者の遺骨収容を巡っては不祥事が続いていた。前述の、フィリピンでの事業は「現地住民の遺骨が含まれている」と指摘され、二〇一〇～一八年まで中断した。二〇一六年には厚労省の遺骨収容チームがロシア・ハバロフスク地方でＤＮＡ鑑定前の遺骨の歯六一人分を誤って焼いてしまい、身元特定ができなくなった。

相次ぐ不祥事には、担当職員の意識も関わっていそうだ。厚労省は前身の厚生省から旧日本軍の残務処理を担当しており、さらにさかのぼれば復員省、陸海軍両省につながっている。戦没者遺骨の収容は重要な業務の一つだ。かつては旧軍出身の職員が多かった。士気は高かっただろう。しかし敗戦から八〇年近くが過ぎ、厚労省の職員に戦争体験者はいない。また援護の対象は減る一方だ。一方で厚労省が抱える課題は、医療や年金、介護、保育など社会福祉一般で広がるばかりだ。

取り違えの不祥事を受けて、厚労省の担当者の一人は「援護は過去と向き合い続ける意義深い仕事。ただ職員の思いが薄らぎつつあることは否定できない」と話した。

遺骨取り違えは不幸な事件である。せめて厚労省が、所管である遺骨収容事業の問題点を明らかにし改善するきっかけにしてほしいところだ。報告書は「遺骨の帰還を待っている遺族の思い、誤って日本に持ってこられた遺骨があるとすればその遺骨にもそれを大切に考えている外国の遺族がいるということなどを、個々の職員が理解することも重要」とした。しごく当たり前のことであるが、そんなことすら第三者から指摘されなければならないのが、厚労省による遺骨収容の一面であった。

さらに「組織としての課題」として、「積極的な情報公開」「チェック体制の構築」「ネガティブ情報の保存・管理体制の整備」などを挙げている。いずれも取り違えの再発を防ぐため、そして「集めたら事業は終わり。日本人かどうか、正確性は二の次」と言われても致し方ないような、杜撰な収容を改める上で必要なことだ。

沖縄・遺骨が含まれる土砂を新しい戦争の基地に？

「政府は、本当に戦没者の遺骨を収容するつもりがあるのだろうか」。

そういう疑問を感じざるを得ない事態が、ロシアやフィリピンのような国外ではなく国内でも進んでいる。沖縄だ。沖縄戦で死んだ人たちの遺骨が残る本島南部の土砂を、米軍普天間基地（宜野湾市）の名護市辺野古移設の埋め立てに使う計画である。遺族らが「戦没者を二度殺す暴挙」と反対するものだ。その内容を見る前に、沖縄戦までの経緯を振り返ろう。

緒戦こそ進撃を続けた日本軍だが、米軍が体勢を立て直し、反攻を進めると、劣勢となった。一九四四年七月には絶対国防圏の一角であるマリアナ諸島が占領されていた。天皇をはじめとする日本の為政者たちにとってこの衝撃は大きかった。米軍の戦略爆撃機Ｂ29による日本本土爆撃が激化することが確実になったからだ。

動揺した天皇は翌年二月、首相経験者ら「重臣」七人に戦争についての意見を求めた。

「最悪の事態、つまり敗戦は必至です。速やかに連合国と講和をすべきです」。そういう趣旨のことを言ったのは、近衛文麿だ（以下、「近衛上奏文」）。その一部を見よう。

「戦局の見透しにつき考えるに、最悪なる事態は遺憾ながら最早必至なりと存ぜらる。以下前提の下に申上ぐ。最悪なる事態に立至ることは我国体の一大瑕瑾たるべきも、英米の輿論は今日迄の所未だ国体の変更と迄は進み居らず（勿論一部には過激論あり。又、将来如何に変化するやは測断し難し。）

随って最悪なる事態丈なれば国体上はさまで憂える要なしと存ず。国体護持の立場より最も憂うべきは、最悪なる事態よりも之に伴って起ることあるべき共産革命なり。つらつら思うに我国内外の情勢は今や共産革命に向って急速に進行しつつありと存ず」。

最悪の事態＝敗戦は必至だが現状、イギリス、アメリカ世論の大勢は日本の「国体」変更までは望んでいない。敗戦だけならば「国体護持」についてさほど心配する必要はない。敗戦より心配すべきは、敗戦に伴って起こるかもしれない共産革命であり、国内外の情勢はその革命に急速に向かっている、という。

天皇制瓦解を防ぎ、「国体を護持」するために、近衛は「一日も速に戦争終結の方途を講ずべき」とした。天皇が意見を求めた七人の中で、はっきりと早期講和を主張しているのは近衛だけだった。卓見にもみえるが、近衛が何を大事にしていたのかを読み取る必要がある。

幻想の「一撃講和論」の犠牲になった沖縄

すなわち敗戦よりも国体＝天皇制が瓦解することの方が怖かったのだ。国体が護持される保障がないならば戦争はやめられない、国民の犠牲が拡大しても戦争は続けるべきであるという理屈にもなる。いずれにしても、近衛の見立て＝「敗戦」は当たっていた。しかし天皇は近衛の提案を取り上げなかった。「近衛は極端な悲観論で、戦を直ぐに止めたが良いと云う意見を述べた。私は陸海軍が沖縄決戦に乗り気だから、今戦を止めるのは適当でないと答えた」（寺崎英成『昭和天皇独白録――寺崎英成・

御用掛日記』）。別の資料（藤田『侍従長の回想』）には、より詳細な天皇・近衛のやりとりが記録されている。

天皇「［梅津美治郎］参謀総長などの意見として、たとえ和を乞うとして、もう一度戦果をあげてからでないと、なかなか話はむつかしいというが、近衛はどう考えているか。梅津や海軍は、台湾を敵に誘導しうれば、こんどは叩きうると言っているが……」。

近衛「そういう戦果があれば、誠に結構と思われますが、そういう時期がはたして到来しましょうか。それも近い将来でなくてはならず、半年、一年先では役に立たぬことでございましょう」。

天皇が言うのは、「一撃講和論」である。つまりどこかで連合軍を叩き、その戦果を背景としてできるだけ有利な講和を結ぶ、というものであった。軍部の意見でもあった。

対米開戦前、石油の備蓄は二年足らずしかなかった。開戦後、早々に南方の資源供給地を押さえた。しかし長期戦の中で制空権、制海権とも連合軍に握られてしまい、その資源を国内に送ることはできなくなった。近衛の進言の時点では、「一撃」どころか戦争を継続すること自体が難しくなっていた。

仮に「一撃」ができたとしても、それによって連合国が和平のテーブルにつくとは限らない。「ドイツがイギリスを屈服させる。するとアメリカが戦意を失って有利な講和ができる」という願望によって戦争を始めた大日本帝国の為政者たちは、今度は願望と「極端な楽観論」で戦争継続を決めたのである。

沖縄は連合軍の日本本土上陸を遅らせ、迎撃の準備を進めるための戦いであった。一九四五年四月一日、米軍は沖縄本島中部の西海岸、読谷山村《ゆんたんざそん》(現読谷村《よみたんそん》)に上陸した。日本軍守備隊(第三二軍)は南部の首里を拠点に迎え撃った。米軍は豊富な補給があったが、日本軍にはなかった。第三二軍は首里を支えきれず南に撤退を続けた。軍とともに多数の民間人が南方に避難しようとした。同年六月二三日、糸満《いとまん》・摩文仁《まぶに》の陣地で牛島満中将らが自決し組織的戦闘が終わった。

この沖縄戦では日本人だけで一九万人近くが命を落とした。内訳は住民およそ九万人と、沖縄県出身の軍人・軍属が二万八二二八人、他都道府県出身兵が六万五九〇八人である(総務省)。住民と沖縄出身の兵士を合わせると、死者は県民の四人に一人に及ぶ。米軍の占領下、地元住民らが遺体や遺骨の収容を進めた。日本復帰後は国の事業として収容が行われている。厚生労働省によれば、二〇二二年六月末現在、戦没者一八万八一四〇人のうち一八万七五四〇体を収容しており、残るのは六〇〇〇体である。

前述のように収骨数について、さらに集められた遺骨がすべて日本人であるかについても疑問が残るのだが、仮に「残りは六〇〇〇体」としても、激戦地となった南部にはそのうちの多数が含まれている可能性が高い。

「マヨネーズ」状の軟弱地盤

さて一九九六年、日米政府は米軍の沖縄普天間基地（宜野湾市）を日本に返還することを合意した。基地の移転先が辺野古（名護市）であった。二〇一三年には、当時の仲井眞《なかいま》弘多《ひろかず》知事が埋め立て申請を承認、二〇一七年に埋め立てが始まった。

選挙結果では、基地建設反対の民意が何度も示されているが、政府はこれを無視して建設を進めてきた。ところが基地の埋め立て予定地の大浦湾で軟弱地盤が広がっていることが分かった。「マヨネーズなみ」と評されるそこに基地を造るために、当初の想定にはなかった大がかりな地盤改良工事が必要になった。

これを受けて防衛省沖縄防衛局は二〇二〇年四月、沖縄県に設計変更承認申請を提出した。この申請書には埋め立てに使う土砂の採取先として糸満市などの南部地区が含まれていた。この構想を知ったとき、那覇市在住の具志堅《ぐしけん》隆松《たかまつ》は思った。「基地の賛否以前の問題。世の中に「間違っている」と言えることはそう多くない。しかし戦没者の遺骨が混じった土砂で米軍基地を造るのは、明らかに間違っている。人の道に外れている。犠牲者への冒瀆だ」と思った。

具志堅は沖縄戦の遺骨収容を行うボランティア団体「ガマフヤー」代表で、地元で四〇年近く収容をしている。

県は同年九月に申請書の内容を公開した。関係者から意見を募る「告示・縦覧」に対して、具志堅は反対意見を寄せた。「戦争で亡くなった人の遺骨を岩ズリ［粉砕された岩石］と一緒に軍事基地を造るために埋め立てに使うなど言語道断」などとした。

しかし二〇二一年一月、地元の業者が、糸満市米須の鉱山開発を県に届け出た。「魂魄《こんぱく》の塔」に近い場所だ。この塔は敗戦後、住民が道路や畑などに散乱していた遺骨およそ「三万五〇〇〇柱」を収容した慰霊塔である。一九七九年糸満市に国立沖縄戦没者墓苑が完成し、大部分の遺骨が移された。だが、今でも県民にとっては慰霊の場所であり、毎年六月二三日の沖縄戦犠牲者慰霊の日には多数の遺族らがここを訪れる。また、辺りではいまだに遺骨が見つかっている。

県は二〇二一年五月一四日、業者に対して「自然公園法」に基づく「措置命令」を出した。業者が鉱山開発を申請した場所は、「沖縄戦跡国定公園」の中にある。同法三三条は「都道府県知事は当該公園の風景を保護するために必要があると認めるときは、普通地域内において前項の規定（略）により届出を要する行為をする者又はした者に対して、その風景を保護するために必要な限度において、当該行為を禁止し、若しくは制限し、又は必要な措置を執るべき旨を命じることができる」としている。

これを基に、県は業者に対して開発前に沖縄戦の犠牲者とみられる遺骨が土砂に混じっていないかを確認することなどを命じた。これ自体も業者のコストが増すもので、私権の制限ともいえる。業者側は同年四月に県がこの措置命令を出す方針を示した際、「不利益な義務を課す内容だ」などとして撤回を求める弁明書を提出していた。

具志堅の苦い思い出

具志堅と支援者らは、県に開発の全面禁止もしくは一部を制限する命令を出すことを期待した。措置命令はその期待から遠く離れていた。玉城《たまき》デニー知事は「公園区域の風景を保護する公益と、届け出者の鉱業権の制限を十分検討し禁止、制限を命じることは極めて困難と判断した」と述べた。業者は開発に必要な鉱業権と事業計画の認可を国から得ていた。「法制上の限界」(玉城知事)から、県としては開発の全面禁止につながるそのような措置を取ることはできなかったのだ。

政府はこの時点で、「本島南部の土砂を使うと決まったわけではない」と主張していた。だが具志堅の認識では、そもそも南部を基地建設のための土砂採取候補地とすること自体が問題なのだ。「ガマフヤー」は沖縄の言葉で「ガマ＝壕《ごう》を掘る人」の意味だ。具志堅は自営業をしつつ遺骨収容を行ってきた。沖縄の各地を掘る。世間話をするときはニコニコと笑顔を浮かべて温厚だが、その目標を阻むものとは果敢に闘う。といっても、行政と対立するばかりではない。具志堅にとってもっとも大切な目標は、一体でも多くの遺骨を収容し、遺族に返すことだ。さまざまな活動はそのためにある。

生まれたのは那覇市の大道《だいどう》地区。沖縄戦の激戦地だった真嘉比のごく近くだ。初めて人骨を見たのは一九六〇年代前半、九歳のころ。自宅近くで見つけた鉄兜《てつかぶと》の横に頭蓋骨があった。「家族が探しに来る。触っちゃいけないよ」。大人にそう言われた。「家族でなければ、遺骨収容はしてはいけないんだろうな」、と考えていた。

転機は大人になっていた一九八二年、ボーイスカウトのリーダーとして、本土から来た遺骨収容団を手伝ったことだ。掘り出した遺骨が風化していて、崩れてしまう。本土から来る遺骨収容団は年一回程度だった。「年一回では遺骨が土に還ってしまう」と感じた。それでも、「遺族でもない自分が収容していいんだろうか」という迷いは拭えなかった。ただ高齢の遺族が遺骨収容に加わる様子を見て、「若い自分の方ができるのでは……。亡くなった人やご遺族のためにやろう、という気持ちになりました」。

繁華街となった激戦地

収容を初めてから一〇年近くが過ぎたころ、具志堅に大きな転機があった。

沖縄の繁華街といえば、那覇市中心部の「国際通り」が有名だ。通りの北端から一キロ足らずのところに沖縄都市モノレールの「おもろまち」駅がある。界隈は「那覇新都心」と呼ばれ、高層マンションや大型免税店、ホテルなどが建ち並ぶ新たな繁華街だ。日本軍司令部があった首里の西側に位置する。

本島中西部の読谷村に上陸した米軍は、南下して日本軍司令部のある首里に向かった。現在の「おもろまち」はそれを食い止める要衝の一つであり、日米両軍の激戦となった。周辺は戦争が終わった後、米軍の住宅地となった。現在の駅の西側は、日本軍が「安里《あさと》五二高地」と呼び、米軍は「シュガーローフヒル」と呼んだ地だ。ここでの戦闘は一九四五年五月一二日から一週間続き、米軍が占領した。米軍の死傷者は二六六二人。日本軍の被害者数は分かっていないが、戦力で著しく劣っていたことを考えると、死傷者は米軍の数倍以上に及んだだろう。

米軍住宅地が一九八七年に返還された後、界隈では再開発が始まった。一九九一年、作業員がいない日曜日、具志堅は安里五二高地跡の工事現場に入ってみた。よく見ると、小銃の残骸や軍靴の底などと一緒に、人骨があった。

それまでにも遺骨収容は行っていたが、ガマの奥深い場所やジャングルの中。人目を気にすることもなく時間をかけて遺骨を探し、掘り出すことができた。だがここは街中で、しかも工事現場だ。「ここを掘っていいものか。掘っていいとしても、広くて一人では到底できない……」。思い悩み、翌日那覇市に電話した「遺骨がたくさん露出している。収容してほしい」と伝えたが、電話の相手は無言だった。もう一度同じことを言ったが、反応はなかった。「変な人だな、と思われたようです」。あきらめて、「もうけっこうです」と電話を切ってしまった。

失業者とともに遺骨収容

その後、工事現場は高い鉄板で覆われて中が見えなくなった。そこで取られた土砂は遺骨を含んだままどこかに運ばれていった。「遺骨を助けることができなかった……」。つらい体験で、悔しさと後ろめたさが心に刻まれた。

その後、「安里五二高地」の近く、バイパスを挟んだ真嘉比地区でも再開発が進んだ。ここも日米両軍の激戦があった場所だ。重機によって樹木が伐採され、丘が削り取られていった。「人骨のようなものがある」。二〇〇七年、知人からそう連絡を受けた具志堅は、現場に向かった。山の斜面で人間の骨盤のような骨の一部が露出していた。

安里五二高地でのつらい体験を思い出し、「今度こそ」と強く思った。「このころは少し知恵が付いていましたから」と、マスコミに連絡した。真嘉比の開発工事現場で、日本兵のものと思われる人骨や水筒、銃弾など遺物が多数見つかっていることが、同年一二月一三日の地元紙、琉球新報に掲載された。

具志堅は「遺骨があるにもかかわらず、工事が進められている。那覇市は収容をすべきだ」と訴えた。那覇市から「話を聞きたい」と求められ、担当者と会ってみると「遺骨収容は国の事業です。沖縄では県の援護課が担当しています。那覇市には予算がありません」との説明を受けた。

「予算を出してほしいわけではない。我々が収容する。それを認めてもらうだけでいい」。そう説明した。那覇市の許可を得た具志堅は国と交渉を進めた。厚生労働省とかけあい、国の緊急雇用創出事業を利用することとなり、予算を確保することができた。

折しもリーマン・ショックの影響で、職を失った人が多かったころだ。二〇〇九年一〇月から一二月までの二カ月間、路上生活者や失業者ら五五人とともに作業に当たった。「「死ぬつもりで沖縄に来た。でも遺骨収容に参加して死ぬのをやめた」という人がいました。死者と向き合うと生きることの意味が分かってきます」と、具志堅は振り返る。

死ぬ気はまったくなかった。それどころか生きたかった。しかし、戦争で命をもぎ取られた。そんな兵士たちの遺体が、沖縄県の県都である那覇市内で戦後六〇年以上、埋まっていた。その現実を見て、掘り起こしに関わった人たちも思うところがあったのだろう。「骨が出始めると、［作業終了の午後］五時になってもやめませんでした。昼休みも惜しんでいましたね」。この成果を含めて二〇〇七年から二〇一一年にかけて、二四〇体もの遺骨を収容した。

具志堅の活動がなければ、真嘉比地区の遺骨は土砂と一緒にどこかに運ばれていただろう。誰からも供養をされることなく、どこかの建設現場に埋め立てられていたかもしれない。

沖縄に多い「破砕遺骨」

四〇年に及ぶ遺骨収容の経験から、具志堅は初めて訪れる場所でも、地形などから戦闘があったであろう場所が分かる。そこに調査に入る。素人目には木片や小石に見えるものを、具志堅は遺骨の破片と見分ける。その具志堅にして、「戦没者の遺骨をすべて収容することは不可能」だと言う。

沖縄戦では、南部で激烈な戦闘が続いた。そこで見つかる遺骨の特徴は「破砕遺骨が多いこと」だ。米粒の半分にも満たない遺骨がたくさんある。そのすべてをすくい上げることは物理的に不可能なのだ。だから二〇二一年、その南部の土砂を辺野古の新基地建設埋め立てに使う構想が明らかになったとき、具志堅は「沖縄戦では北海道から九州まで、全国から召集された若い兵士や外国人たちも故郷に帰れないまま今も眠っている。沖縄だけの問題ではない。何としてもやめさせなければならない」

と思った。

行政に働きかけ、マスコミでも訴えた。さらにハンガーストライキを行った。那覇市の中心部、県庁前広場で三月一日から六日まで。「最初は食べ物のことばかり考えていましたよ。それに、妙にハイテンションになって。でも四日目くらいから空腹に慣れましたね。一人では難しかったかもしれませんが、仲間もいましたから。健康状態？　ボランティアのドクターが毎日メディカルチェックをしてくれました」。

うねりを生んだハンガーストライキ

小柄な具志堅のハンストは、大きなうねりを生んだ。賛同署名は三万二八〇〇筆に上った。沖縄県議会は四月一五日、臨時の本会議を開き、「沖縄戦戦没者の遺骨等を含む土砂を埋立てに使用しないよう求める意見書」を全会一致で可決した。菅義偉《すがよしひで》首相や関係閣僚らにあてたもので、「糸満市摩文仁を中心に広がる南部地域は、一九七二年の本土復帰に伴い、戦争の悲惨さや命の貴さを認識し、戦没者の霊を慰めるために、自然公園法に基づき、戦跡としては我が国唯一の「沖縄戦跡国定公園」として指定されている。同地域では、沖縄戦で犠牲を強いられた県民や命を落とされた兵士の遺骨が残されており、戦後七六年が経過した今でも戦没者の遺骨収集が行われている。さきの大戦で犠牲になった人々の遺骨が入った土砂を埋立てに使用することは人道上許されない」とし、「悲惨な沖縄戦の戦没者の遺骨等が混入した土砂を埋立てに使用しないこと」などを求めた。

県政与野党のすりあわせの結果、「辺野古の米軍基地建設のための埋め立て」とは明記されていないが、辺野古が対象であることは明白だ。

国会でもこの問題はたびたび取り上げられている。たとえば二〇二一年四月二〇日、衆議院の本会議だ。

赤嶺政賢議員（日本共産党）「今、沖縄では、辺野古の埋立てに沖縄戦最後の激戦地である本島南部の土砂を使用する政府の計画に県民の怒りが広がっています。（中略）政府は、遺骨への配慮を求めると言いますが、あの地域の土砂を軍事基地の建設に使用すること自体が、戦没者を冒瀆し、遺族の気持ちをかき乱すことになるのではありませんか。南部からの土砂採取計画は撤回することを強く求めます」。

菅首相の答弁。「さきの大戦において凄惨な地上戦を経験した沖縄では、今もなお、厚生労働省と沖縄県で役割を分担して、戦没者の御遺骨の収集が進められております。御遺骨の問題は大変重要であり、こうしたことを踏まえて、埋立土砂の調達については、防衛省が適切に判断するものと考えます」。

筆者は「南部を候補地に入れている時点で、適切な判断はできないことを証明している」と感じていた。具志堅の遺骨調査に同行させてもらった経験などから、「南部の土砂に遺骨が残っていることは間違いない。そんな土砂を埋め立てに使っていいはずがない。何としてもやめさせなければならない」。そう思った。

そのころ、白眞勲参議院議員（立憲民主党）から連絡があった。南部土砂の問題で質問する予定で、内容を考えているという。その相談だった。筆者には、ある疑問があった。「南部には、米兵の遺体と遺骨も多数埋まっているのでは？」ということだ。「この問題を国会で取り上げてほしい」、そう打診した。「政府が米兵の遺骨が残っていることを認める可能性は低い。認めてしまったら、およそ土砂を埋め立てに使うことはできなくなるだろうから。でも、万が一認めたら、暴挙の歯止めになるはず」。そんな気持ちだった。

南部には米兵の遺骨も――可能性を認めた政府

二〇二一年六月三日、参議院外交防衛委員会で重要な論戦が展開された。

沖縄戦では米軍も甚大な被害を受けた。米陸軍戦史センターによれば、死者は一万二五二〇人。アメリカには戦没者遺骨を収容する専門機関、米国防総省の「捕虜・行方不明者調査局」（ＤＰＡＡ）があり収容を進めてきたが、それでも二〇〇人以上の遺骨が未収容だという。

白議員は、沖縄本島南部地域でアメリカ兵の遺骨がどれくらい存在しているか、政府の見解を聞いた。

市川恵一（外務省北米局長）「南部地区に限定した米軍の死者及び行方不明者でございますが、これにつきましては残念ながら承知しておりません」。

この答弁には大きな意味がある。「死者・行方不明者の数が分からない」ということは「収容されていない死者、遺骨が南部に埋まっている可能性」を示すからだ。

さらに白議員が、米兵と思われる遺骨を収容した場合の対処をただしたところ、岩井勝弘・厚生労働省大臣官房審議官は、二〇一四年に浦添市でアメリカの通貨と一緒に二体の遺骨が見つかって沖縄県が収容し、専門家が鑑定したところアメリカ人である可能性が高いことが判明、二〇一六年に米側に引き渡したと説明した。

ちゃんと収容すれば、米側に引き渡すことができる遺骨はもっと増えるだろう。筆者がそう思っていると、白議員はさらに切り込んだ。

白議員「沖縄県南部地域にも〔米兵の〕相当な御遺骨がある可能性があるということは私は否定できないと思うんですけれども。もう一回外務省に聞きますけど、今の御遺骨の中に、南部地域にもあるということは否定できないということは御答弁願えますか」。

市川局長「確たることは申し上げられませんが、沖縄戦のことを踏まえればその可能性というのは否定はできないとは思います」。

土砂埋め立て取りやめへの「ターニングポイント」？

筆者は戦没者遺骨の問題を一五年取材していて、いろいろなことに驚いたが、この時の驚きは非常に大きかった。米兵の遺骨が埋まっている可能性をこれほどあっさり認めるとは、正直なところ考えていなかったからだ。「その可能性を認めることの重要性を、政府側は分かっているのだろうか」。そう思った。後述するように、戦没者の遺体、遺骨を収容することはアメリカの国是である。その遺骨が含まれている土砂を埋め立てに使用するとなれば、米政府は「どうぞ」とは言えないだろう。

委員会終了後、筆者は具志堅にその内容を伝えた。

「具志堅さん、政府が、南部に米兵の遺骨が埋まっている可能性を認めましたよ」。

「え！」。具志堅は電話の向こうでそう声を上げて、しばらく沈黙した。

「このままだと南部の土砂は使えませんね」。筆者がそう言うと、具志堅は数秒沈黙して言った。

「これは……ターニングポイントになりますね」。

具志堅は言葉を継いだ。「政府と戦うつもりはありません。ただ南部の土砂使用をやめる理由を見つけてあげないと」。本島南部の土砂に米兵の遺骨が眠っているかもしれない。これは「理由」になり得る。具志堅がいう「ターニングポイント」とは、そういうことだ。

国によって異なる戦没者の遺体・遺骨の扱い

二〇世紀から二一世紀の今日まで、世界各地で戦争をしてきたアメリカは戦没者の遺体や遺骨は徹底的に探し、本国・遺族に戻すことを国是としている。

戦没者の扱いは国によって違う。たとえばイギリスは、現地埋葬主義だ。つまり戦没者は亡くなった場所で埋葬する、ということである。イギリスは近代以降、諸外国で戦争をした。第一次、第二次大戦と戦域は拡大し戦死者も増えた。現実問題として、すべてを本国に返すのは不可能だ。同じように、日本も海外の遺骨をすべて収容するのは不可能だが、それでも政府は「現地埋葬主義」に踏み切れないでいる。遺骨に対する宗教的な考えや埋葬、弔いの文化の違いも影響しているのだろう。

ともあれイギリスとともに日本と戦ったアメリカは、同盟国イギリスとは対照的に亡くなった場所で遺体や遺骨を収容し、本国に帰還させる。日本本土空襲で米軍機が撃墜されて搭乗員が死亡し、日本で埋葬されることがあった。アメリカは埋葬地を調べ上げて遺体や遺骨を掘り起こし、本国に移送した。たとえば東京・小笠原諸島の父島だ。一九四四年九月、米軍機が同地を襲った。日本軍は迎撃して撃墜した。その中に、のちに第四一代大統領となるジョージ・ブッシュが乗った雷撃機があった。ブッシュは味方に収容されて助かった。しかし米兵一〇人が日本軍の捕虜となり、九人が処刑された。米軍は戦後間もなく調査団を派遣。この処刑に関わった日本軍の兵士らを裁判にかけ、五人が死刑になった。犠牲になった米兵の遺体は掘り起こされて収容された。戦没者の遺体、遺骨を探し出して本国に返す。アメリカの国家意志は非常に強い。

それでも沖縄本島南部土砂を使っての埋め立てを行う場合、日本政府はどのような態度を取るのか。

①土砂採掘地域で調査を行い遺骨をすべて収容する。

②収容は行うがすべて収容できたとは確認できないまま埋め立てに使う。

③現状のまま遺骨の調査・収容をしないで埋め立てに使う。

といったところだろうか。もっとも望ましいのが①だろう。しかし、収容経験のない者が土砂に混じった破砕遺骨をそれと見抜くことは不可能に近い。さらにそれを一つ一つすべて拾い上げることは、技術的のみならずコストの点から考えて不可能そのものだ。現実的なのは②だろうか。その場合は、アメリカとの外交交渉が不可欠になるだろう。「まだ貴国の兵士の遺骨が残っているかもしれませんが、その土砂を埋め立てに使います」と説明し、同意を得なければならないだろう。アメリカは国家意志を変えて、それを認めるのだろうか。いずれにしても、アメリカとの関係をことのほか重視する日本政府だけに、しっかりとした説明をして納得を得るべく努力するだろう。

最悪なのは③だ。

「のろわれた基地になる」——元米海兵隊員の訴え

那覇市在住のダグラス・ラミス（一九三六年生まれ）は、元海兵隊員の国際政治学者だ。一九六〇〜六一年に沖縄に駐留した経験がある。米国退役軍人らでつくる平和団体「ベテランズ・フォー・ピース」で反戦平和、反基地運動を行っている。南部の土砂が埋め立てに使われる可能性を知ったときは「ショックを受けました。信じられない。自分の先輩の遺骨も混じっているかもしれない。もし埋め立てに使われたら、のろわれた基地になる」。

退役後は津田塾大学教授などを務めた。二〇〇〇年から那覇市で暮らし、米軍普天間飛行場（宜野湾市）の名護市辺野古への県内移設に反対する運動にも携わってきた。南部土砂の問題についても政府の方針を厳しく批判する。「［基地の米兵が］自分の眠っているところの下に遺骨があると分かったら、悪夢を見たり、精神状態がおかしくなると思う。日本政府はそれが分からないのか」。

土砂に紛れる遺骨

国会での論戦から二カ月後の二〇二一年八月一五日。雨が激しく降る中、靖国神社近くの路上に具志堅隆松が座っていた。「戦没者の遺骨と血肉と御霊を海に捨てるのは人間のすることではありません」の垂れ幕がある。沖縄本島南部の土砂を辺野古新基地の埋め立てに使うことを阻止すべく、ここでもハンストを行ったのだ。

杉山英一さんが沖縄本島南部で撮影した写真(A・B).同じ場所を写したもので,赤く縁取られているのが破砕遺骨

真夏とは思えない冷たい雨が降っていた。具志堅の横に二枚の写真パネルがあった。一枚(A)を見たところ、土砂だけが映っているようだった。筆者が、「これなんだろう?」と目をこらしたのはもう一枚の写真(B)。写っている場所はAと同じ。違うのは、小さな石のように見えるものが赤く縁取られていることだ。それは、粉々になった遺骨だった。

沖縄戦の戦跡を撮影してきた杉山英一(一九七三年生まれ)が二〇〇九年春、沖縄本島南部で撮影したものだ。

筆者は、沖縄と硫黄島で、多数の遺骨を見て、掘り起こしもした。それでも、Aの写真では骨と土砂の区別ができなかった。

杉山が見分け方を教えてくれた。

「骨は、石などと違って海綿状になっています」。じっと見ると確かにそうだ。本来、遺骨の表面はすべすべなのだが、割れた遺骨の断面が、海綿状になっているのだ。「遺骨が風化していく事例をいくつも見ないと分かりません」。長い年月、ここで放置されたことによって、骨はそれが骨であることを主張しているのだ。

「こうやって赤く縁取りでもしないと、素人には骨だか砂だか貝殻だか区別がつかないな」。Bの写真を見ながら、筆者はそう思った。「多くは、戦禍に追われて南部に逃げてきた沖縄の人たちの遺骨なんだろう。それに本土から来て戦死した人もたくさんいるだろう。朝鮮半島や台湾の人たち、米兵の遺骨もあるかもしれない。故郷から遠く離れた場所で、こんな状態で何十年も放置されて……」。そう考えると、胸が痛んだ。

「遺骨はどんなに小さく砕けても人間」

杉山は話す。「遺骨はどんなに小さく砕けても人間です。それぞれにかけがえのない人生がありました。その遺骨を、埋め立てに使うのは人間の尊厳を踏みにじることです。そういう社会に未来はありません。いくら基地建設に大量の土砂が必要だからって、慰霊の場所を荒らすのは間違っているのではないでしょうか。基地建設賛成・反対以前の問題です。イデオロギーや信仰などを乗り越えて共有できる問題意識だと思っています」。

基地の埋め立てに使っていいはずがない。それくらいの分別は、我らが日本政府にあると信じたい。国側が、沖縄本島南部の土砂に米兵の遺骨が残っている可能性を認めた答弁の後、筆者は遺骨収容を所管とする厚生労働省で担当者に取材した。「あれだけあっさり認めるとは、正直なところ思いませんでした」。そう話すと、担当者は「認めてしまったんですね……」とだけ言い、沈黙した。

「国内だけの問題ではありません。国際問題です」。具志堅はそう話す。現状のまま南部の土砂の使用を断行したら、「日本政府は、米兵の遺骨が埋まっている可能性を認識しながらその土砂を基地の埋め立てに使った」ということになる。それを、アメリカは看過できるだろうか。またアメリカとの同盟関係をことのほか重視している日本政府が、あえてそれを行えるだろうか。

二度目のハンスト

時間がさかのぼるが、前述したように県は二〇二一年五月、自然公園法に基づく措置命令により、業者に現場で遺骨が混じっていないかどうかを開発前に確認するよう命じた。業者にとっては大きなコストを要するもので、この時点で土砂採掘をすることは困難になった。

それでも具志堅は危機感を持っていた。同年六月一九～二三日に、糸満市・摩文仁の平和祈念公園で再度のハンガーストライキを行った。筆者が訪れると、具志堅は園内に設置されたテントの下で座禅を組むように座っていた。支援者が集まり、県内外のメディアが取材する。「辺野古の米軍新基地に反対する運動と受けとめられることがありますが、基地の賛成・反対以前の人道上の問題です」。「多くの人に知ってほしい。国の不条理にあらがってほしいんです」。一言一言、エネルギーを絞り出すように話す。

口にするのはほぼ水分だけだ。「［残り少ない］すべての栄養が脳に集中している感じです」と笑う。「［南部の土砂を使っての埋め立てを］やめさせることができるのは世論です」とも。どんなに疲れていても、同じ質問を何度受けても各メディアに丁寧に応じるのは、その世論形成につなげたいと思ったからだ。

ハンスト前の体重は五〇キロ弱。もともと痩せているが、隣に座って見るとさらに細くなったように見えた。

「［体重は］量っていませんけど、［三月のハンストの後］ベルトの穴が三つほどゆるくなりました」。絶句する筆者に具志堅は、「大丈夫ですよ」と微笑した。

「改めて、なぜハンストなのですか？」。そう問うと「沖縄戦ではたくさんの人々が飢餓状態になりました。その苦しさをほんの少しでも共有したいと思っています。しかし大人の私たちがハンストをしても死ぬわけではありません。水があるし、生きながらえる保証があります。でも、沖縄戦ではそうではありませんでした。大人だけでなく子どもたちも。親として子どもに食べ物を与えられないのは……」。胸に迫るものがあったのか、具志堅は言葉をつなげられなかった。

辺野古の米軍新基地建設のために、沖縄本島南部の土砂を使う計画については、「あらかじめ遺骨をしっかり選別して収容した上で土砂を埋め立てに使えばいい」といった主張もあり得る。

対して具志堅は言う。「南部の遺骨の特徴は、破砕遺骨が多いことです。米粒の半分くらいの遺骨がたくさんあるんです。遺骨がある場所を、遺骨がない状態にすることはできないんですよ。収容できるものはして、できないものは現場で安置する。そして、慰霊の地とするべきだと思っています」。

衆議院議員会館で披露された破砕遺骨

靖国神社近くでのハンストから一カ月近くが過ぎた二〇二一年九月一四日、国会内で戦没者遺骨の収容やＤＮＡ鑑定などについての学習・意見交換の集会が開かれた。主催は具志堅が代表を務めるガマフヤーだ。遺族らが集い、遺骨収容の所管である厚生労働省や外務省、防衛省の担当者に今後の方針などをただした。

この席で具志堅は、沖縄から持参した土を机の前に出した。「これは［糸満市］伊敷《いしき》というところで、私たちが遺骨を収集して外に出した土なんです」。比較的大きな遺骨を収容した後の、現場の土だ。「この土の中にも細かい骨が残っているだろうと、それを皆さんに見てもらうために持ってきました。この中からどれが遺骨なのかを、皆さんで見てください」。

具志堅にそうながされて、他の記者と同じく筆者も目をこらした。筆者は硫黄島で数え切れないくらいの遺骨を収容した。骨片もたくさん見た。沖縄でも具志堅に同行させてもらい、収容した。素人ではあるが、遺骨の見極めにはそれなりに慣れているつもりだった。しかし、目の前にある土砂の中に遺骨があるのかどうか、にわかには分からなかった。

「これは骨片に見えます」。筆者が指差したものを見て、具志堅は言った。「いや、それは小石ですね」。そして小さなかけらを示した。「これが人間の頭蓋骨の一つです……。これもおそらく頭蓋骨の破片です。これは、私たちが遺骨収容を終わったあとの現場の土です。「遺骨を収容すれば、その土を使ってもいいんじゃないですか」という意見もあります。しかし、私の経験から言えば、遺骨収容を完全に終わらせることは無理なんです。骨が小さくなって、残っているんですよ」。

小さいとはいえ、遺骨が国会に持ち込まれるのは極めて異例だろう。

具志堅の言葉が熱をおびる。「この中に骨もあるし、日本兵のボタンも入っています。日本軍が使っている陶器製の茶わんのかけらも入っています。遺骨を収容して、この土は現場に戻します。それでも、収容し切れない小さい骨があります。南部全土にわたってそういう場所なんです。遺骨収容した場所は次世代の子どもたちが戦争で人が殺されたんだということが確認できる場所であり、その場所は、戦没者に対する慰霊と平和を考える場所になってほしいと思います」。

土砂から骨の小さなかけらを見極めるのは、具志堅といえども容易ではない。専門家ではない者たちが現場ですべて見極めるのは、不可能だろう。

なぜ「南部」の土砂を？

沖縄本島南部では、他の自治体と同じく土地改良や道路整備の拡張などが行われることもある。遺骨収容を所管する厚生労働省の担当者によれば、遺骨が出土する可能性があることを前提に工事は進められる、という。つまり、政府も南部で遺骨が未収容であることは分かっている、ということだ。ではなぜ、その土砂を使おうとしたのか。

もともと、埋め立てに使う土砂の採取地は沖縄県内北部の二地区だった。しかし埋め立てに足りる量は採取できないことから、防衛省は県外で調達する計画だった。だが沖縄県議会では二〇一五年、県外からの土砂搬入を規制する条例が成立した。辺野古移設に反対する議員らの提案が実現したものだ。これにより県外での調達が困難になった。そこで、同省は県内で採取可能な場所を増やした。そこが本島南部だ。

防衛省から埋め立て用の土砂採掘を受注した業者が、一つ一つの骨片をすべて収容しようとすると膨大なコストが生じることは確実だ。そのコストを負っても、粉々になって土と入り混じっている遺骨をすべて収容することは不可能なのだ。具志堅が持参した伊敷の土と、そこにある頭蓋骨の破片は、そのことを雄弁に物語っている。

沖縄戦戦没者遺族の訴え

集会の大きな目標の一つは、南部土砂の使用の方針を国に撤回させることだった。父親を沖縄戦で亡くした八一歳の女性は、オンラインで福岡県から参加した。「自分はあと何年生きるか分からない。

早く父の遺骨を母の遺骨の横に納骨したい、というのが今の一番の願いです」。軍医だった父親は、本島南部、糸満市の米須にいたことが分かっているという。遺骨のＤＮＡ鑑定を厚労省に申請したが、見つからなかった。女性は何度も現場を訪れた。そこで集めた砂などが、父を偲ぶよすがだ。「遺骨が埋まっている土地を動かさない、と約束して頂きたいと思います」などと訴えた。会場からも防衛省の計画撤回を求める声が上がった。

「しっかり検討」と繰り返す防衛省職員

防衛省の担当者は「土砂の調達先は決まってございませんが、御遺骨の問題は大変重要であるという認識を私どもも持っておりますので、そうしたことも踏まえまして、土砂の調達につきましては今後、しっかりと検討して参りたいと考えております」などと話した。さらに担当者は工事の受注者が決める、という認識を示した。

これに対し具志堅は「重要と考えるのならば、計画を撤回するのが筋であって、受注者の責任だというのは、計画をした方には責任がないと言っているのと一緒ですよ」と語気を強めた。確かに、責任転嫁ととられても仕方ない発言だ。さらに「米粒くらいの骨が風化して、さらに小さくなっていきます。旧日本軍は防衛省にとっては先輩ですよね。その遺骨を、敵であったアメリカ軍の基地を造ってあげるために埋め立てに使おうとしているんですよ。遺族、国民に対する裏切りですよ。計画自体を撤回して下さい」とたたみかけた。だが同省の担当者は「しっかりと検討したい」と繰り返すばかりだった。

集会が終わった後、筆者は担当者に話しかけた。「行政としては、少し踏み込んだ発言に聞こえました」。担当者は少し沈黙した後、「今申し上げられるのは、しっかりと検討するということです」とだけ話した。

「常識としてどうか」と担当相

南部土砂使用については、現役閣僚からも疑問の声が上がった。二〇二一年一〇月四日に発足した岸田文雄内閣の復興相兼沖縄・北方担当相、西銘《にしめ》恒三郎《こうさぶろう》自民党衆院議員である。沖縄県選出の西銘は同月五日、就任後初の記者会見に臨んだ。東日本大震災からの復興や北方領土などの問題の他、沖縄県名護市辺野古で進む米軍基地建設についても質問があった。

記者「本島南部からの土砂の採取計画を防衛省が計画しているということで、防衛省は計画の存在について明言されていない。沖縄出身の大臣として、この計画についての受け止めについて教えて頂ければ」。

西銘担当相「所管外のことをしゃべるつもりはないんですけれども、あれだけの激戦地で、まさか、よもや、防衛省は今、あの南部の土砂を使うということはないというふうに聞いて承知しておりますが、それを考えても、遺骨が入ったものを埋め立てに使うということは、一般論として、常識としてどうなのかなという思いはあります」。

翌六日の本土の新聞各紙を見る限り、この質疑についてきちんと解説した記事は見当たらなかった。しかし、非常に重要な問答であった。

具志堅が代表を務めるガマフヤーは新内閣発足に先立つ九月、各政党に「沖縄本島南部土砂採取計画に関する公開質問」を行った。まず、「今回の「埋め立て用土砂採取計画」の撤回要請は基地の建設に賛成か反対かではなく単純に人道上の問題です」とした。さらに、沖縄戦では他都道府県出身兵も多数亡くなっていることから、「このことは沖縄だけの問題ではありません。全国の問題です。ぜひとも、戦没者の救済とご遺族の心情に添った対応を希望します」などとし、各党がこの問題にどう対応するかを問うた。以下、各党党首の回答の概略である。

立憲民主党・枝野幸男代表「党としては辺野古新基地建設は中止としている。ましてその埋め立て工事に多くの沖縄戦犠牲者の遺骨が眠る南部の土を使うことは、遺族や国民の心情から到底許されるものではない」。

公明党・山口那津男代表「南部地区の鉱山から調達した土砂が必要なのか、変更承認後の工事の実施段階で説明を求め、必要があれば防衛省と協議したい。具志堅代表とも連携して沖縄の遺骨収容を加速する」。

共産党・志位和夫委員長「新基地建設は政治的にも技術的にも完全に破綻している。「ガマフヤー」の主張に全面的に賛同し、自公政権に戦没者を冒瀆する土砂採取計画を撤回させ、新基地建設を中止させる」。

日本維新の会・松井一郎代表「戦没者の遺骨混入の可能性が排除されない土砂が、当該埋め立てに限らず、利用されることは人道上許されない。普天間飛行場の危険性除去のため辺野古移設計画を遅滞なく進めることは必要だが、政府には県民・国民が抱く不安や疑念を拭い去る対応を求める」。

社民党・福島瑞穂党首「辺野古新基地建設事業(防衛省)と戦没者遺骨収集事業(厚労省)は相いれない。前者が進められれば後者を進めるのは困難になる。優先すべきは後者。遺骨が眠っていることが明らかな土地での土砂の採掘を禁止あるいは制限する特別法が必要だ」。

れいわ新選組・山本太郎代表「遺骨が含まれる土砂を埋め立てに使うのは冒瀆だ。普天間基地の移転先として辺野古に新基地を建設すること自体に反対。政府主体で遺骨収集事業を加速させることが重要だ。回答した野党はすべて反対である。そんなことはすべきではない、というのが西銘担当相が言うように「常識」だろう。与党の公明党ですら慎重だ」。

国民民主党からは回答がなかった。自民党からもなかった。ガマフヤーは自民党総裁選に立った四候補にも撤回を求めて公開質問をしたが、回答はなかった。であればこそ、自民党の議員でもある西銘担当相の発言の意味が一層重くなった。

採掘を容認した沖縄県

さて前述のように、沖縄県は糸満市米須の鉱山開発を申請した業者に対して二〇二一年五月、自然公園法に基づく措置命令を出し遺骨が混じっていないかを開発前に確認するよう命じた。

業者側は二〇二一年八月、総務省の公害等調整委員会（公調委）に不服を申し立てた。公調委は二〇二二年六月一四日、両者に和解案を提示した。主な内容は同年一月までの調査で遺骨が確認されなかった区域から採掘を開始し、次いで遺骨が存在しないとみられる盛り土の区域を採掘する▽遺骨が発見された場合、業者は半径五メートルの範囲で採掘工事を二週間中止し、県平和祈念財団の戦没者遺骨収集情報センターによる調査や遺骨収集を認めること、などだ。

これを受けて、沖縄県は「措置命令の内容を反映している」と判断。公調委の案で合意することを同月二四日に決定した。つまり一帯で鉱山開発を計画している業者の土砂採掘を認めることになった。玉城デニー知事は同日、記者会見を開いた。辺野古の埋め立てには改めて反対の意志を示しつつ、「今後とも戦没者の遺骨が混入した土砂が使われないよう、遺族や県民の心情も踏まえ、適切に対応する」と述べた。

具志堅らガマフヤーのメンバーや支援者らは、この決定を厳しく批判した。前述のように、南部の戦没者の遺骨は粉々になっている場合が多く、専門家である具志堅でさえ土や石と骨のかけらを区別するには苦労する。門外漢が、まして土砂採掘の最中に見分けて「発見」するのは困難だ。「仮に一人の遺骨が見つかって、それをすべて収容することは今や物理的に不可能です。たとえば指の先の骨は小豆よりもまだ小さい。それもほとんどが風化してしまっている」のだ。

さらに、事業者が事業が中断するのを承知した上で、そうした破砕骨を「発見」する意志を持ち続ける保証もない。

政府により分断される人びと

　また、沖縄県が和解案を受け入れるにあたって、戦没者の遺族らの意志を十分に聞き取っていないことも、具志堅たちは問題視している。

「問題は採石事業者というより、そういう需要を作っている政府の側にあるのでは?」。筆者がそう問うと具志堅は答えた。

「採石業者の仕事を邪魔しているような気もして、心が痛いんですよ。業者の人たちにも家族がいるだろうし。だからあまりその人たちには言いたくない。でも、国が地方に対して対立、分裂と分断を生んでいる。問題は、南部での土砂採掘に依存する体制を作ってしまうことです。その体制ができる前に止めないといけない」。

　具志堅は、厚労省の態度にも強い不満を持っている。「遺骨を収集するのが厚労省の役目。防衛省はそれに反することをしている。厚労省はやめさせるようにすべきなのに、何もしない」。

　この問題については、厚労省が設置している「戦没者の遺骨収集に関する有識者会議」でも取り上げられている。同会議の構成員であり、戦没者遺骨研究についての第一人者でもある浜井和史帝京大学・准教授は言う。

「遺骨収集の中心となってきたのは厚労省。しかし南部土砂の問題で当事者意識、責任意識がみられません。「防衛省の事業でコメントを控える」との趣旨の説明を繰り返しています。推進法は関係省庁の連携も義務づけており、法の理念と矛盾しています。法制定以前にも国は収集に消極的、受動的でした。法律ができても変わっていないと考えざるを得ません」。

もし、南部の土砂が埋め立てに使われたらどうなるか。「大きな禍根を残します。遺骨の取り違えは返還することもできますが、基地に使われたら取り返しがつきません。これを止めるのは、もはや閣僚レベルの政治的な決断が必要でしょう」。

シベリア、沖縄、フィリピン。政府の、遺骨のぞんざいな扱いを知るにつけ、硫黄島を含めた他の地域でも同じようにいい加減な扱いをしてきたのではないか、と考えざるを得ない。

終　章　戦没者遺骨収容の未来

前述のように二〇一六年、超党派議員立法により「戦没者遺骨収集推進法案」が成立した。遺骨収容を「国の責務」と位置づけたものだ。当たり前で、遅すぎたとはいえ、戦後補償史における画期的な内容だった。しかし、筆者には気になることがあった。

所管の厚生労働省が作成した資料「遺骨収集事業の概要」（二〇二一年五月）には、以下のようにある。

「海外戦没者（硫黄島、沖縄を含む）は約二四〇万人にのぼります。令和三年度末時点での未収容の御遺骨約一一二万柱のうち、約三〇万柱が沈没した艦船の御遺骨で、約二三万柱が相手国・地域の事情により収容困難な状況にあります。これらを除く約五九万柱の御遺骨を中心に、海外公文書館から得られた情報や戦友等からの情報を元に、具体的な埋葬場所の所在地を推定し、現地調査や遺骨収集を推進しています」。

未収容の遺骨一一二万体のうち、六〇万体近くの収容は最初からあきらめているのではないか。そう感じた。

沢村栄治投手の最期

プロ野球の歴史に詳しい人ならば、沢村栄治のことを知っているだろう。各年のプロ野球でもっとも活躍した投手に贈られる「沢村賞」にその名を残す右投げの名投手である。ではその沢村が戦時中三度も徴兵され、最期は乗っていた輸送船がアメリカの潜水艦に撃沈され亡くなったことは、どれくらい知られているだろうか。

沢村は一九一七年、三重県宇治山田で生まれた。京都商業(現京都学園高校)に進みエースとなった。球界関係者に注目されていたころ、「職業野球」=プロ球団を設立する動きがあった。当時、野球の花形は「東京六大学野球」である。沢村は慶應義塾大学に進むつもりだった。しかし沢村は、プロ球団の創設に力を入れていた読売新聞社の正力松太郎社長から「一生面倒を見る」と約束されて翻意した。京都商業を中退して、アメリカのメジャーリーグ選抜チームと戦う全日本のメンバーに加わった。

一九三四年一一月二〇日、静岡県の草薙球場で一七歳の沢村は躍動した。米選抜チームの監督は沢村を「アメリカに連れて帰りたい」と言ったとされる。その後はプロ野球創生期、巨人のエースとして活躍した。

沢村が最初に陸軍に召集されたのは一九三八年。中国の最前線で戦い、左手に弾丸を受けた。二年後に除隊となり巨人に復帰した。さらに一九四一年一〇月に二度目の召集となり、フィリピンに渡った。二年後また巨人に戻った。かつては足を高々と上げる上手投げの豪腕投手だった。しかし「二度の出征で、沢村には昔日の快速球投手の面影はなく、ほとんどアンダースローのように見えるほど投球フォームも変わってしまった」と、『東京読売巨人軍50年史』にはある。そこには書かれていないが、巨人は沢村をクビにした。

一九四三年秋、三度目の召集となった。妻と同年七月に生まれたばかりの長女を残し、フィリピンに向かう輸送船に乗った。そして同年一二月二日。その輸送船が米潜水艦に撃沈された。沢村二七歳。政府が事実上収容をあきらめていた、「海没遺骨」の一人となった。

海没遺骨

第二次世界大戦下、日米戦の主戦場は太平洋の海と島々であった。米軍の潜水艦や航空機の攻撃によって、多数の日本軍艦船が撃沈された。第4章で見たように、硫黄島に向かう途中に雷撃で撃沈された日本軍の輸送船も含まれている。

厚生労働省は海で戦没した日本人を三〇万人と推計するが、戦史研究の第一人者である吉田裕・一橋大学名誉教授(日本近現代史)によれば、三五万人以上ともされる(『日本軍兵士——アジア・太平洋戦争の現実』)。吉田は「太平洋戦争における米軍の戦死者が約一〇万人であることを考えると、犠牲の多さが分かる」と話す。

政府は独立を回復した一九五二年から、戦没者の遺骨収容を国の事業として始めた。しかし、海没遺骨については事実上収容の対象にしていなかった。これまで収容されたのは、浅瀬が中心で収容は七〇〇体に満たない。全体の〇・二%あまりでしかない。

政府の姿勢が分かる、国会での問答を見てみよう。一九九四年三月二五日、第一二九国会衆議院厚生委員会での議論である。

住博司議員（自民党）「我が国は海外に出ていって戦ったわけですから、沈没船舶数というのは非常に多い。（中略）基本的には海の人というのは航行中に死亡すれば水葬にするという考え方がありますので、海自体が戦没者にとっても永眠の地であると考えるかもしれませんけれども、しかし、最近ではマリンレジャーというのが非常にはやって普及してきまして、海に眠っているはずの遺骨が人目にさらされてしまう、遺骨の尊厳自体が損なわれるおそれがあるということもないとは言えない（中略）。海の中ですから大変技術的には難しいところもありましょうけれども、海没遺骨の問題についてはどのように取り組まれてきたのか、あるいはこれからどうしようとされているのか」。

土井豊（社会・援護局長）「海没遺骨の収集につきましては、古くから航海中の死亡者について水葬に付するということが広く行われてきております。一般的には海自体が戦没者の永眠の場所である、そういった認識もございまして、原則的には行わないということで今日まで至っております」。

海没者は「水葬」――探さない、収容しないという国の方針

この答弁には、国の方針が如実に表れている。「水葬」という風習は確かに昔からあった。たとえば前近代の民間船、遠洋漁業や冒険では、航海中に病気などで亡くなった人がいたら、海に葬るのは

致し方ないところだ。それが本来の「水葬」のはずである。時代や環境によっては、船員はその可能性も覚悟した上で乗船しただろう。

しかし近代戦の兵士たちは、必ずしも自分の意志で船に乗ったわけではなく、拒否することもできなかった。国の命令で乗船し、戦没したのだ。であれば、国が収容するのは当然の義務である。仮に「水葬」で済ませることができるとしたら、それは遺族らに「水葬にします」ともちかけて同意を得た場合に限られるはずだ。しかし、筆者の知る限り政府はそんな問いかけはまったくしていない。収容することができない、あるいは収容する気がないがゆえに「水葬」を持ち出したのだ。十分に探しもしなかった。三〇万体＝水葬の論理は、棄兵・棄民という日本政府の基本政策の延長にある。

土井局長「ただ、お話の中に御指摘がありましたように、御遺骨が人目にさらされてその尊厳が損なわれるような特別の状況にある、なおかつ、沈没した艦船内の遺骨収集などが技術的にも可能であるといったような場合には、例外的に遺骨収集を行うという形で取り組んできているところでございます。今後ともこのような方針で臨みたいと考えておりますが、平成六年度におきましては、トラック諸島の沈没艦船の遺骨収集を行うことを予定をいたしております」。

沈船がダイビングスポットとなり、遺骨が見世物のようになっている状態では、戦没者の尊厳にかかわる。そうした場合は収容の対象とするが、それはあくまでも「例外」であり、「水葬」＝探さない、見つかっても収容しないが原則なのだ。

遺骨収容の優先順位

これは遺骨収容全般に言えることだが、日本政府にとって収容は政策的な優先順位が高くなかった。命をとりとめたものの、戦争で被害に遭い困窮している人がたくさんいた。めちゃめちゃに破壊されたインフラの復旧も喫緊の課題だった。また、独立を果たしたからといって外国で簡単に遺骨収容ができるわけでもない。相手国の政情や対日感情など、乗り越えるべき課題が多々あった。そうした中で、限られたマンパワーと財源をどこに投下するかと考えた場合、「今、生きている人たちを優先せざるを得ない」となるのは、言葉に出してそう言うかどうかはともかく、為政者としては自然な判断だろう。

まして沈船を引き揚げるサルベージや、沈んだ船から遺骨を取り出すダイビングの機材、技術も現在ほどではなかった。こうしたことから、海没遺骨の収容は原則的にしない、ということになったのだ。陸上のように海外渡航者が遺骨を見ることも、持ち帰ることもほとんどない。マスコミも世論も「野ざらし」ならぬ「海中放置」には関心が向かなかったのだ。

しかし日本は独立して七〇年が過ぎた。外国の領海内であっても、遺骨を収容するための外交交渉ができる。サルベージ、ダイビングの技術も敗戦時より飛躍的に向上してきた。「水葬」＝「水中放置」という国策は改めなければならない。

筆者はそういう意識で取材を進めたところ、厚労省が「水葬」を見直す方針であることが分かった。「国会でそういう議論があったことは承知しています。しかし、ああいう法律ができたこともありますし」。同省の幹部に取材したところ、そういう答えだった。「そういう議論」とは、前述の海没者＝水葬という長年の方針である。「ああいう法律」とは、二〇一六年に成立した戦没者遺骨収集推進法だ。それまで根拠法がなかった戦没者遺骨の収容を、初めて「国の責務」とした。また遺骨を集めるだけでなく、遺族に返すことを目指すともしている。

「水葬」方針の見直し

二〇二〇年一二月二一日、毎日新聞朝刊一面トップに、海没遺骨に関する記事が掲載された。熊谷豪記者による特ダネであった。見出しは「海の戦没遺骨、収容「水葬扱い」転換　海外に30万体政府方針」、記事は「政府は太平洋戦争戦没者の遺骨収容事業で、撃沈された艦船の乗員など今も海没したままの遺骨を収容する方針を決めた。およそ三〇万体が外国の海で眠っているとされるが、これまでは「水葬」と同様に扱い、永眠の場所になっているなどとして原則的に収容していなかった。近年、ダイバーが遺骨を見つけて画像を公表するなどし、遺族らから収容を求める声が出ていた」などと続いた。

この問題は国会でも取り上げられた。二〇二一年一月二七日、田村憲久厚労相は次のように述べた。「沈没船でありますけれども、元々浅瀬の御遺骨は収容をさせて頂いて、いろんな対応をさせて頂いておりましたけれども、深いところはなかなかこれ危険で見つかりにくいということもございまして対応ができてこなかったんですが、最近、観光のダイバーの方々がいろんなところ、海潜られておられまして、残念なことになんですけれども、観光ダイビングスポットでそういうものをＳＮＳなどに載せられるというようなこともありまして、御遺骨の尊厳のこともございますので、何とか収容できればと思っております」。

南方で沈んでいる日本の艦船に遺骨が残されていて、それが一部のダイバーたちにとっての「観光地」になっていることは、以前から知られていた。まさに亡くなった人の尊厳、さらには遺族の尊厳にもかかわる問題だ。

田村厚労相はさらに「ただ、技術面だとか安全面のことがございますので、しっかりと勘案した上で基本的には遺骨を、遺骨収容を実施していくというような、そういうような方針で取り組んでまいりたいというふうに思っております」などと述べた。

海没したおよそ三〇万人のうちこれまで収容されたのは、浅瀬が中心で七〇〇〇体未満。全体の〇・二％あまりでしかない。

ただ、所管の厚労相が「基本的に水葬」の方針を転換した意味は大きい。

しかし、改善しなければならないことはまだ多々ある。

海没した父

さて、先に見た二〇二一年九月一四日、国会内で開かれた学習・意見交換の集会には遺品のない戦没者五一人の遺族らが参加し、厚労省に遺骨のＤＮＡ鑑定を集団申請した。

安間妙子（一九四五年生まれ）はその一人だ。オンラインで参加した。父の近藤誠一は海軍の軍人で、潜水艦「伊三六一」に乗船していた。同艦は一九四五年五月二三日、特攻兵器の「人間魚雷」＝「回天」を搭載して本土から南下した。制空権も制海権も完全に米軍に握られている下での長い航行は極めて危険であった。「伊三六一」は沖縄南東方で米軍の攻撃を受け、同月三〇日に沈没した。近藤を含む乗員八一人は一人も帰らなかった。

誠一が戦地に向かうとき、妻寿恵子は生後四カ月の妙子を背負い、近くの駅まで見送った。駅で別れるはずが、寿恵子は一緒に汽車に乗り込んだ。誠一は「どこまで来てもきりがない。ここで帰りなさい」と、いくつか先の駅で別れを告げたという。それが永遠の別れになった。

誠一は覚悟があったのか、家族に遺書を残していた。海軍手帳に書き、戦友に託したものだ。

母の近藤寿恵子は、妙子が小学校に入学するとき、誠一の軍服でジャンパースカートを縫ってくれた。そして、初めて遺書を読んでくれた。

　オ父チャンハ、戦争ニ行ク。ソウシテ　リッパナオテガラヲ　タテテクル。ハヤク大キクナッテ、オ母サンニ、孝行シナサイ。オ母サンニ、クロウヲカケテハナリマセン。妙子ハ　オ父チャンヲシラナクトモ、オ父チャンハ妙子ヲシッテイル。妙子ハ、オ父チャンガ抱イテヤルト、ヨク笑ッタ。オ乳ガナクテ　ヨク泣イタ。夜クウシウ（空襲）ノ時、オ母サンハ妙子ヲツレテ防空壕へ入ッタ。オ父チャン御艦（オフネ）カラ家ニ帰ルト妙子ヲ抱クノガ大好キデアッタ。妙子ハ、小サ

イガ　キリリトシタ顔ヲシテイタ。早ク大キクナリナサイ。オ父チャン

妙子は、父親のことを写真でしか知らない。しかし文面からは妻と子どもの自分に深い愛情を寄せていたことが伝わってきた。

妙子は寿恵子が元気なころ、桜の季節になると毎年お花見に誘った。しかし寿恵子はいつも首を振った。戦後は再婚せず妙子を育て、三十余年前に七三歳で亡くなった。

「忘れ形見のお前が、誠一の最期を調べてくれ」。伯父から妙子はそう託された。五一歳で教職を離れ、調査を進めた。戦死の公報にあった命日が六月二五日ではなく五月三〇日であること。出撃地が山口県の光基地であったことなどをつきとめた。

海没地点が分かっているのに……

「伊三六一」の沈没位置は米軍の資料によって分かった。北緯二二度二二分、東経一三四度〇九分。沖縄とサイパンの中間地点。

政府が「水葬」の方針を見直したことは、あきらめていた遺族たちにとって朗報だ。妙子も「夫や息子や父の遺骨を待ち続けていた遺族は次々と亡くなっています。私は命のあるうちに、父をこの腕に抱き、一人で待つ母のお墓に入れてあげたいのです。どうぞ海没者は海葬ではなく、早期の遺骨引き揚げとＤＮＡ鑑定をお願いします。今回、具体的なお話は今までのあきらめと違い前向きに受けと

めることができます」、と述べた。

「遺品縛り」がほどけたことで、「やっと希望の持てる方向づけが整ってきたと思いました」。誠一が亡くなった場所は分かっているのだ。戦争末期の激戦地ではまれなケースである。

厚労省は集会の日、遺族たちの集団申請を受け取った。そして後日、安間さんの元に同省から通知が送られてきた。

「戦没者遺骨のDNA鑑定については、海外などで収集したご遺骨の身元を特定するために実施しております。

安間様からご申告のありました伊号第三六一潜水艦の戦没者のご遺骨につきましては、現時点において保管しておらず、大変申し訳ありませんが、DNA鑑定の実施はできていませんので、事情をご賢察のほど、ご理解いただけますよう宜しくお願い申し上げます」。

文言は丁寧だが、事実上の門前払いだ。「遺品縛り」を外したといっても、鑑定を行うのは現時点で厚労省が検体を保管しているものだけ。「伊三六一」のように、収容していない遺骨の鑑定はできない。そういうことだ。

現実問題として、戦没者遺骨の収容事業はいずれゴールを迎えることになるだろう。しかし一体でも多くを待っている人に返すことが国の責務であるはずだ。そのために何をすべきなのか。

米軍の記録通りの場所に沈んでいるかどうかは不明だ。遺体、遺骨が艦内にあるかどうかも同様である。ただ米軍の資料は兵士が戦没時にどこにいたかを示す重要な資料である。そして遺族が遺骨の

DNA鑑定を希望している。すぐに遺骨収容するのが難しいとしても、そこに同潜水艦があるのかどうか調べることはできるはずだ。また沈んだ場所が特定でき、船員名簿も存在する艦船は他にもある。まずはそうしたケースから調査を進めるべきではないか。

硫黄島で死んだ父を追って

国が戦没者の遺骨を遺族に返すために、DNA鑑定を行っていることの周知も必要だ。現状の、厚生労働省の広報体制はあまりにも貧弱である。このため戦没者の遺族で、亡くなった者を思う気持ちがあつい遺族でさえ、鑑定事業のことを知らないケースが多い。

たとえばオリンピアン、河石達吾《かわいしたつご》のケースだ。

河石は一九一一(明治四四)年、広島県東能美島《ひがしのうみしま》大柿村(現江田島市大柿町)に生まれた。大古《おおふる》尋常小学校を卒業し、広島市内の修道《しゅうどう》中学校に進んだ。ここで水泳選手として頭角を現した。卒業後は慶應義塾大学法学部政治学科に進学。水泳部の門を叩いた。在学中の一九三二(昭和七)年、第一〇回ロサンゼルスオリンピックの水泳一〇〇メートル自由形に出場し、銀メダルに輝いた。一九三五年に卒業し、大同電力(現関西電力)に就職し、大阪・堂島に勤務した。

日中戦争のさなかだった一九三八年五月、臨時召集で広島の歩兵第一一連隊に配属され、同年一〇月に中国に渡った。一九四二年一一月に除隊。陸軍中尉となっていた。一年後の一〇月、輝子と結婚。新婚生活はわずか八カ月しかなかった。一九四四年六月に再召集されたのだ。配属された独立混成第一七連隊第三大隊は七月一〇日に横浜港を出て硫黄島に向かった。この時、輝子は新しい命を宿していた。

硫黄島からの手紙

達吾は大隊長の藤原環少佐の副官を務めた。硫黄島上陸から五カ月後の一九四四年一二月六日、長男の達雄が生まれた。達吾が硫黄島から内地の輝子に出した便りが六通、残っている。そのうちの一通。

「予想通り天晴れ男子を安産した由、泰子姉様からの吉報を手に思わず万歳を唱えんばかり。僕の喜びは大したものです。結婚以来君を賞めることは殊更遠慮して居たせいもあるが、兎に角賞めることはしなかった。しかし今度は幾ら賞めても賞めたりぬ思いだ。又遅ればせながら一人の男子の父となった僕の喜び、得意の程思うべし。吉報に接した時の感じは往年競技に於て勝利を獲た時のそれと同じだ」。

後述するように、達吾は他者に「静かで口数が少ない」といった印象を与えていた。ところが、この文面からは子どもに恵まれて大喜びの様子が伝わってくる。

さらに内地の暮らしを心配してつづる。

「食糧の点を最も心配するのだが、僕からも言ってある故、田舎との連絡を密にし不自由のない様にして呉れ給え。味噌汁一杯余計に摂れば、それだけ丸《（ママ）》ではかった様に多く母乳は得られるものだと聞いて居る。費用を懸念せず何んとかして大いに食べて呉れ給え。当地では送ってやり度いものが沢山あるが、これ許かりは何とも残念なことだ。実は僕の隊の乳牛が益々豊富に乳を提供して呉れるので毎日二合乃至三合、病後の栄養摂取に飲んで居る。乳の這入った器を抱える度に君と達雄のことを思う」。

内地は深刻な食糧難の状態にあった。海外からの輸送が途絶され、生産人口は戦争に導入されていたからだ。硫黄島は、すでに見たように、もともとは豊かな島だった。達吾の便りによれば、内地では手に入りにくい、栄養価の高い牛乳をふんだんに飲むことができた。その牛乳が注がれている器を見ると達吾は、「妻と子どもに飲ませたい」と思ったのだろう。

その後の便りも見よう。

「達雄と言う名前だけでは大したこともないが河石達雄と呼ぶといかめしい中にやわらかみもある様に思われ、非常に立派だなどと独で悦に入って居る」。「河石達雄」の文字がひときわ大きくつづられている。「五十年後の帝国の立場から考え、将来日本一の造船技師たるべく勉強させ度いと思う」と、早くも子どもの将来に思いをはせ、さらに記す。「達雄は宝であると同時に生まれたと言うそのことだけで随分親父にあれこれ考えさせ楽しませて呉れる。有りがたいこと。達雄万々歳だ」。

達吾は軍務の経験が豊富だった。それだけに、硫黄島守備隊の将来を想像したはずだ。空襲など米軍の攻撃は続く。上陸は必至だ。硫黄島以前、たとえばペリリューやサイパンがそうであったように、米軍が上陸した島で日本軍守備隊がこれを撃退し、島を守り抜いたことはなかった。死を覚悟せざるを得なかっただろう。新婚間もない若い妻と、生まれたばかりの子どもを残して死地に赴いた達吾は、夫として、父親として膨大な不安を抱えていたはずだ。「自分が死んだら、妻と子どもはどうやって生きていくのだろうか」、と。

ＤＮＡ鑑定の周知が急務

戦後、達吾の死亡告知書が一九四六年五月二〇付けで輝子の元に届いた。戦死は前年の三月一七日。島の北部にあった守備隊司令部が、最後の総攻撃を期した日である。

同日夜、司令部では階級章や重要書類が焼かれた（『戦史叢書　中部太平洋陸軍作戦〈2〉』）。壕の中で、コップ一杯の酒と「恩賜の煙草」（天皇が「下賜」した紙巻きたばこ）二本ずつが各人に配られた。栗林は左手に軍刀の柄を握りしめて言った。

「たとえ草を食み、土をかじり、野に伏するとも断じて戦うところ死中自ずから活あるを信ず。ことここに至っては一人百殺、これ以外にない。本職は諸君の忠誠を信じている。私の後に続いて下さい」。

「三歳になったら達雄に泳ぎを教えたい」。達吾は硫黄島からの手紙にそうも書いていたが、我が子に会うことはできなかった。遺骨も遺体も見つかっていない。

輝子は一九九一年に亡くなった。硫黄島からの手紙は、達雄が遺品を整理している中で見つけたものだ。生前は手紙のことをまったく話さなかった。さらに輝子が硫黄島の達吾に宛てて出したものの、もはや届けることができないために返送されてきた手紙も残っていた。生まれたばかりの達雄の写真が同封されていた。輝子は封を開けないまま、亡くなるまで保管していた。

達雄は父と同じ慶應義塾大学に進学し、これも同じく水泳部に入った。合宿所に行くと、古びた名札が壁に掛けられていた。「主将　河石達吾」。「河石達雄」の名札も掛かっていた。「親父と同じ合宿所で暮らすんだな」。胸に熱いものがこみあげてきた。寮母は達吾の時代から務めている女性で、父の思い出を教えてもらった。

達雄は水泳部のマネジャーとなった。寄付の依頼などで先輩らを訪ねると「あの河石の息子か」と可愛がられた。みな「とても几帳面で物静かな人だった」と振り返った。小池禮三もその一人だ。小池は沼津商業在学中に、達吾と同じロス五輪に出場、二〇〇メートル平泳ぎで銀メダリストとなり、日本水泳連盟専務理事を務めた。その回顧によれば、達吾は「静かな口数の少ない人でしたが、接すると非常に温かみがあり、それでいてスカッとしたところがあ」る人物だった（静岡新聞、一九八八年一月二三日）。達雄にはじかに、「ロスからの帰りの船で河石さんと一緒になり、その人柄が好きになった」と話したという。達吾を知る者たちから達吾のことを聞くにつれて、「見たことのない父への親愛の情が増していった」という。

達雄は父・達吾を想うところがあつい。それでも、政府が戦没者遺骨のＤＮＡ鑑定を行っていることを知らなかった。所管の厚労省は、鑑定についての広報に力を入れていない。ホームページなどで掲示はしている。しかし、初めから鑑定に関心のある者が、詳細を知るためにそこを閲覧することはあっても、戦争体験者や遺族らが偶然その欄を見ることはほとんどないだろう。

膨大な検体――何のための収容？

厚労省は今、鑑定可能な検体をどれくらい保管しているのか。地域と検体数を見てみよう（二〇二二年三月現在）。

硫黄島六五八／インド四／インドネシア三六／沖縄九一八／樺太八〇／旧ソ連七〇七八／モンゴル六三三／タイ二／以下、中部太平洋　ウエーク島六／ギルバート諸島（タラワ）一七一／ツバル一／トラック諸島二〇／パラオ諸島一〇一／マーシャル諸島七三／マリアナ諸島八一二／メレヨン島（ウォーレアイ）六／東部ニューギニア二八〇／ノモンハン一一二／ビスマーク・ソロモン諸島八二三／フィリピン四〇／ミャンマー一〇二

厚労省はＤＮＡ鑑定が可能な遺骨をこれほど多く保管しておきながら、長年「遺品縛り」にこだわって、多くの遺骨の鑑定をしてこなかった。そもそも、遺族を探し出して鑑定を呼びかけることを怠っていた。「何のために収容していたのか。遺族に返すことは最初からほとんどあきらめていたのではないのか？」と思わざるを得ない。

「遺品縛り」はその後解除されたが、それまでにたくさんの遺族が亡くなったはずだ。遺品がある

うがなかろうが、技術的にDNAを採取できる遺骨からは採取しデータベース化した上で、遺族を草の根分けても探し出して「鑑定をしませんか」と呼びかけるべきだったのだ。実際、第1章で見たように、タラワではそのやり方をとったところ、たった一年で二体の身元が分かり、遺族のもとに帰ったのである。

タラワ以外では変わらず「手挙げ方式」のまま、つまり遺族が鑑定を申し出なければ鑑定はなされない。

「硫黄島の近藤さんのように、所属部隊がどこにいたかが紙記録などで分かっていて、かつそこで鑑定が可能な遺骨が収容された場合は、遺族を探し出して、厚労省の方から遺族に「鑑定をしませんか」と呼びかけるべきでありませんか。現にタラワではそうしたのだし」。筆者は厚労省の担当者にそう問うた。

担当者は「厚生労働省としては、昭和二〇（一九四五）年現在の留守家族の住所しか分からない。遺族を探し出すとなると、それをたどらないといけない……。難しいですね」と答えた。しかし、不可能ではない。現に、たとえば硫黄島で戦没した近藤龍雄の遺族は、敗戦時点の住所で暮らしていたのだ。厚労省が本気でたどろうとしていたら、そうした遺族にたどりつけるだろう。

タラワのケースでは、自治体の協力を得て遺族に呼びかけた。しかし「負担が非常に大きかった」という。市区町村など基礎自治体は国よりも住民に近い。とはいえ敗戦から八〇年近くが過ぎている今、遺族を探し出すのは容易ではない。タラワのケースで非常に手間がかかったことは想像できる。

また全地域で「遺品縛り」を外したことから、ＤＮＡ鑑定の申請が増えるのも必至だ。限られた予算とマンパワーで、厚労省が「遺族探し出し」事業に踏み切れない事情も理解できる。

とはいえ、すべての戦地は不可能としても、まず硫黄島や沖縄、日本の領土内だけでもそうした「遺族の探し出しと、ＤＮＡ鑑定の呼びかけ」をすべきでないか。筆者がそう問うと、担当者は公平性の問題を指摘した。つまり、「なぜ硫黄島と沖縄ではやって、たとえばフィリピンでは「遺族の探し出し」をしないのか」という指摘があり得るということだ。

確かに、筆者がたとえばフィリピンで戦没した人の遺族だったら、厚労省に「どうして硫黄島だけ？　不公平じゃないか」、と問い詰めるだろう。しかし同省は、すでにタラワのケースで「呼びかけ」を行っている。またタラワ、沖縄や硫黄島で「遺品縛り」外しを先行的にやっていた経緯もある。であれば、遺族を探し出して呼びかける事業も、特定の地域に絞って先行的に行うことはできるはずだ。このままでは、同じ戦没者を亡くなった場所によって扱いを差別していることになる。

先行してＤＮＡの採取を

遺品縛りを外したことは前進だが、課題も明らかになった。それは、現に厚労省が保管している遺骨しか対象にしないことだ。遺骨がないことには鑑定もできない。同省はそういう立場で、それはその通りではある。しかしあらかじめやっておくべきこと、できることはある。つまり現に遺骨が収容できていない地域でも戦没者の遺族にＤＮＡ鑑定を呼びかけ、ＤＮＡの提供を受け保存することだ。

これもタラワと同じように、資料で部隊がどこに配置され、そこで誰が亡くなったかが分かっているケースで、かつ遺族を探し出して検体の提供を呼びかけることになる。

大日本帝国による戦争は、硫黄島や沖縄をのぞけばほとんどが外国で行われた。遺骨を収容するとなれば、相手国の同意を得なければならない。調査もそれなりの時間がかかるだろう。一方で、遺族は高齢化している。もたもたしていたら、遺骨を返すべき遺族がいなくなってしまうかもしれない。海没遺骨に限らず、遺骨が収容されてから動き出すのでは遅い。だから上記のような先行的なDNA採取も必要なのだ。

「妙子ハ　オ父チャンヲシラナクトモ、オ父チャンハ妙子ヲシッテイル。妙子ハ、オ父チャンガ抱イテヤルト、ヨク笑ッタ」。

前述のように出撃前、近藤誠一はたった一人の子ども、妙子に宛てた遺書でそう記した。生後四カ月だった妙子に父の記憶はない。厚労省から鑑定の「門前払い」を受けたが、あきらめない。「ちちをかえせ　ははをかえせ」。峠三吉が被爆体験をもとに反戦を訴えた詩集「原爆詩集」の一節が、安間の「心の碑」だという。

「残された時間の少ない私たち遺族は、もう待つことはできません。戦没者の水陸両方の遺骨収集計画をすぐに作成し、その計画だけでも、まず遺族に提示してほしいのです。国は今すぐにでも、まだ何とか血縁が濃い遺族からでも、DNAをとって保存し、その遺骨収集を待つ。その上でたとえ、ひ孫の世代になっても、父は、母や私のもと[墓所]に帰ることができるのです」。

あきらめられた二三万体？

日本に比べて、アメリカは戦没者の遺骨収容に積極的だ。米陸軍戦史センターによれば、沖縄戦で戦死した米兵は一万二五二〇人。二〇〇体以上の遺骨が未収容だが、日本側よりははるかに早く進んだ。

長期間にわたり沖縄を占領していたため、収容が比較的やりやすかったということもあるが、そもそもアメリカが戦死者の収容に非常に力を入れていることが大きい。アメリカは長い間、世界のどこかで戦争をしたり、あちこちの紛争地帯に派兵したりしている。そのアメリカ政府にとって、戦没者の遺骨を収容するのは国民との約束であり、義務なのだ。

それゆえ、遺骨収容の専門機関であるＤＰＡＡを置き、占領下ではない外国での調査と収容も進めている。たとえば北朝鮮だ。朝鮮戦争（一九五〇～五三年）で多数の米兵が死亡もしくは行方不明になった。米側は、北朝鮮との関係がどれだけ悪化しても、遺骨収容のための外交はやめなかった。一九九〇～二〇〇五年、北朝鮮は米兵の遺骨を推定六二九体（身元が確認できたのは三三四人）引き渡したとされる。

二一世紀に入っても、米朝の対立は続いた。しかしアメリカは、かの地での遺骨収容はあきらめなかった。

たとえば二〇一八年六月一二日、トランプ米大統領と北朝鮮の金正恩朝鮮労働党総書記がシンガポールで行った、初の首脳会談でもそれが明らかになった。そこで出された「共同声明」を見よう。「トランプ大統領は北朝鮮に安全の保障を提供することを約束し、金委員長は朝鮮半島の完全な非核化への、確固として揺るぎのない約束を再確認した」ことなどをうたった上で、下記の四項目を示した。

一　米国と北朝鮮は、両国民が平和と繁栄を切望していることに応じ、新たな米朝関係を樹立することを約束する。
二　米国と北朝鮮は朝鮮半島において持続的で安定した平和体制を構築するために共に努力する。
三　二〇一八年四月二七日の板門店宣言を再確認し、北朝鮮は朝鮮半島の完全な非核化に向けて努力することを約束する。
四　米国と北朝鮮は「朝鮮戦争における米国人の」身元特定済み遺骨の即時送還を含め、捕虜や行方不明兵の遺骨収集を約束する。

歴史的な会談で確認された四項目の中に、米兵の遺骨収容が含まれていることの重要性を確認したい。

一カ月後の同年七月二七日、共同声明に基づき北朝鮮は死亡・行方不明だった米兵の遺骨五五体を米側に引き渡した。遺骨返還は一一年ぶりだった。北朝鮮が米側への遺骨の引き渡しに応じたのは、人道上の見地だけではないだろう。対米関係でより有利な条件を引き出す外交上のカードでもあったはずだ。米側はそのカードを受け取った。トランプ氏は「朝鮮戦争の英雄たちが、遺族のもとに帰ってくる」と成果を強調した。

敗戦後、日本人も、北朝鮮では多くが命を落とした。中国でも同様である。こうした「相手国の事情」(厚労省)により、およそ二三万体もの遺骨が収容できておらず、収容のめどすら立っていない。日本政府にはこれらの地域で収容を進める意志があるのか。意志はあるが、外交力が乏しいために実現しないのか。いずれにしても、収容が進まない「事情」は日本側にもある。

鑑定体制の整備が急務

さて前述のように、二〇一六年に議員立法で成立した「戦没者遺骨収集推進法」は、戦没者遺骨の収容を「国の責務」とした。これを受けて厚労省は二〇一九年五月、「戦没者の遺骨収集の推進に関する検討会議」を設置した。「戦没者の遺骨収集に関し、関係者の合意形成を改めて図るとともに、広く国民の理解を得るため、有識者、遺族及び遺骨収集の担い手や、専門家」を集めたものだ。増田弘・立正大学法学部名誉教授を座長とする一三人からなるメンバーであった。

遺骨を集めるだけでなく、遺骨を遺族に返すことが法の理念でもあった。ところが、その身元特定を行うＤＮＡ鑑定の体制はお寒いものだった。法医学の専門家ら一二機関が「鑑定人会議」を構成して鑑定に当たっていた。「機関」といっても、実情は個人の使命感、善意に頼るところが多かった。

二〇一九年七月二日に開かれた第二回検討会議で構成員の浅村英樹・信州大学医学部法医学教室教授がその実情を明かした。

「中には状態のいいＤＮＡもありますけれども、状態の悪いＤＮＡも非常に多くあります。その場合は同じ検査を三回、四回と繰り返しながらやらなければ結果をだすことができない。恐らく、皆様方が想像しているよりもはるかに多くの手間、時間がかかっているというのが実際です。それを専門機関ではなくて、わずか十数の大学で行っているということです」。

浅村は、この時点で法医学の医師として年間約二〇〇の司法解剖を行い、その都度鑑定書を書いていた。その本業の合間をみて、戦没者の遺骨のＤＮＡ鑑定を行っていた。「他の大学の先生方も、恐らく皆さん方の多くは主たる仕事があるわけで、合間にこの鑑定をやっているというような、脆弱と言われればそれまでのメンバーでやらざるを得ないのが実情です」。

問題は人員不足だけではない

「実際に鑑定をした場合には、厚労省から鑑定に関する分析の試薬のお金を基本的に頂いております。大型の機械を使って分析をしなければいけないのですけれども、違う目的のために設置した大学の機械を使っています。

人件費を頂いているわけではないのですので、大学から給料をもらっている職員を別の仕事に当てなければならない。いわゆる時間外でやらざるを得ない状況にもなっています。現状では、このような金銭的な実費しか頂いていないので、この事業を拡大していくのは私どもは難しいという面も持っています」。

「私どもは研究者です。仕事の大部分は研究をして、その研究成果を公表して、医学の進歩に役立てていただこうというのが仕事の主体なのですけれども、今回の鑑定に関しては一切公表してはいけないというのが、当初からの申し合わせになっています。ですので、私どもはこの十何年に渡って、戦没者の方のＤＮＡでいろいろな情報を得ることができたり、技術的な面でこういうことがこうなのだと分かったとしても、それを公表することは一切できておりません。

大学の職員が合間にこういう鑑定をやっていて、金銭的には試薬分のお金しか頂かなくて、人も割かなければならない。研究にもならない。委員全員の方が考えていることだと思うのですけれども、「ボランティア」でやっている事業だと私どもは考えています」。

赤裸々な証言である。浅村はさらに言葉を継ぐ。

「各先生方、これまで長く鑑定をやってこられて、それぞれの方が使命感にかられていて、皆さん一生懸命にやられているというのを、とても感じています。ですので、何らかのきっかけでそのモチベーションが途切れてしまえば、この会議は成り立たなくなってしまうのではないか。非常にそういうもろさを感じているところがあります。（中略）」。

「国の責務」は、専門家がいわば本業の合間を縫って善意や使命感で行う「ボランティア」に支えられていたのだ。法の理念を本当に形にするつもりがあるならば相応の体制が必要だが、これも厚労省の動きは鈍かった。

浅村の指摘から丸三年が過ぎた二〇二二年九月、厚労省は自前のDNA分析施設、「戦没者遺骨鑑定センター分室」（東京都江東区）を開設した。

すでに見たように、政府は二〇二一年一〇月、鑑定の「遺品縛り」を全地域で解いた。つまり現に保管している遺骨に限ってだが、身元特定の手がかりがなくても鑑定を行うことにした。以後二〇二二年五月までの約七カ月間で一〇〇〇件近い鑑定申請があった。今後も増えることは確実で、厚労省がようやく拡充に踏み切ったのだ。

費用は約一億七〇〇〇万円。開設前の二〇一九～二〇二一年度の三年間での鑑定は約二四〇〇件だったが、開設後の三年間は一・五倍の三六〇〇件を目指すという。「では、身元特定の目標件数は？」。記者会見で筆者がそう質問すると、厚労省の担当者は「遺骨の状態にもよる」などの理由から目標件数を明らかにしなかった。

「推進法」の集中収容期間終了まであと二年

遺骨収容を国の責務とした「戦没者遺骨収集推進法」が成立したのは二〇一六年であり、戦後八〇年となる二〇二四年度までの九年間を「集中実施期間」としている。ところが、同法成立後の収容数は成立前よりも減少傾向にある。所管の厚生労働省は当初、最初の三年を主に情報収集にあて、その成果をもとに収容を進める構想だった。

ところが、ロシアでの遺骨取り違えが発覚し現地での収容が困難になった。さらに二〇二二年二月、ウクライナに侵攻したロシアへの経済制裁に日本が加わったことで、再開のめどはまったく立たなくなった。他の国でも、新型コロナウイルスの蔓延によって、収容どころか現地調査すら困難になってしまった。「集中実施期間」の終了まであと二年しかない。

離島ながら首都の一部である硫黄島でさえ、今も戦死者一万一〇〇〇体以上の遺体、遺骨が行方不明のままである。二〇一七年度から二〇二一年度の五年間で、収容した遺骨は一四〇体、一年平均で二八体に止まる。二〇二二年度には最初の派遣団の中で団員が新型コロナウイルスに感染したため、収容作業が中止となってしまった。

このままではすべて収容するのに四〇〇〇年近くかかる。こうしてみると、現実問題として海外であと一一二万体もある未収容の遺骨のうち、一%の一万体分すら収容は極めて困難だろう。

政府は現状、「推進法」による集中実施期間が終わった後も、遺骨収容は続ける方針を示している。ただ、戦没者の子どもの世代でさえ、もっとも若い者で八〇歳に達している。そう遠くない将来、収容した遺骨を返す遺族を探し出すことも困難になるだろう。

遺骨収容以前に、海外で二四〇万人が命を落とし、今も一〇〇万体以上の遺体、遺骨が行方不明であること自体が、あまりにも知られていない。政府はまずこの経緯と現状を広く発信しなければならないし、メディアも同様である。世論の関心と支持がなければ、収容事業を継続することは困難であり、成果も上がらないからだ。

とはいえ遺骨収容自体、永遠に行われるものではないはずだ。いずれ終わりが来る。であればこそ、待っている人がいるうちに一体でも多くの遺骨を探し出し、返さなければならない。これは「右」と「左」、国家観や歴史認識の違いも超えて共有できる問題意識ではないか。

すでに見たように、硫黄島の戦いでは日本軍兵士と一部の島民ら二万人が斃れた。生き残ったのは一〇〇〇人程度とされる。つまり全体の五％程度でしかない。もともと生還者が少なかった上、戦闘から七八年が過ぎた今、生還者の話を聞くのは極めて難しくなっている。強制疎開によって命を取り留めた島民一世も高齢化が進んでいる。二世つまり子どもの世代でさえ六〇代末以上の年齢だ。

元島民たち　苦難の戦後史

今後、島の歴史や島民たちの記憶をどうやって継承してゆくのか。硫黄島につながっている、若い世代がさまざまな取り組みを進めている。

二〇二二年九月一一日。川崎市の日航ホテルで、全国硫黄島島民の会（寒川蔵雄会長）の総会が開かれた。戦時中の強制疎開で散り散りになってしまった島民たちは一九七一年から年に一度、川崎で再会してきた。この日は島で生まれた一世ら六〇人が交流した。

「家はあそこにあったんです」。一九四三年に島で生まれた坂元五百子《いほこ》は、会場に置かれた島の模型を見ながら、感慨深げに話した。「花が咲き乱れて、絵のように夢のようにきれいな島だった」。母親はそう話していたという。戦後は「年中島の話をしていました。「帰りたい」と」。

「野菜や果物は豊富に採れるし、牛や豚、鶏などの家畜も食べられました。物々交換などで、食べるものがなくて苦労したという話は聞いたことがありません」。硫黄島で生まれ、五歳まで暮らした篠崎允《まこと》も、そう振り返った。飲み水となる水源はなかったが、頻繁に降る雨をためて十分にまかなえたという。

移住者が開拓した楽園は、戦争によって地獄と化した。坂元の一家は母と兄、姉の四人で島を離れたが、鍛冶屋を営んでいた父親は残ることに。島の戦いでは日本軍守備隊二万人以上が戦死。また軍の手伝いのため残った島民一〇三人のうち、小笠原村によれば八二人が亡くなった。九三人という記録もある(石原『硫黄島』)。いずれにしても、坂元の父親も犠牲者の一人だ。遺骨は見つかっていない。

坂元は、墓参のため一〇回ほど渡島した。いつも「おとうさん、どうかゆっくり眠ってください」と胸の中で語りかけてきたという。何の財産もないまま、幼い子どもたちを抱えて東京都内に移住した母親も苦労した。「島の人がどんなに苦しんだかを知ってほしい」。坂元はそう言って涙ぐんだ。

東京都心から南、一二五〇キロ。全島が自衛隊の基地で、元島民や戦没者の遺族、戦闘からの生還者でさえ自由には渡島できない。東京都が主催する墓参事業や遺骨収容団の参加などに限られており、それでも長期間滞在することは許されない。首都の一部でありながら、「遠くて遠い島」なのだ。

三世たちが受け継ぐ思い

二〇一八年、島民の会の中に「全国硫黄島島民3世の会」が発足した。硫黄島で生まれた人(一世)

の孫の世代が中心で、二世も参加している。戦前の島の記録や記憶の保存に取り組んでいる。一世からの聞き取りや会誌の発行、戦前の写真の収集と公開など。写真は強制疎開の際に島民が持ち出したもの。手荷物は風呂敷包み二〜三個までと制限されていた中で、写真を持ち出したのだ。大きな生活必需品は持ち出せなかったこともあるが、島民が写真を大切にしていたためでもあった。今となっては存在しない、島民たちの生活や風俗、文化を伝える貴重な資料だ。

「3世の会」は、その写真のデジタル化を進めている。島での研修事業を行っている日本青年会議所関東地区協議会がこれを知り、VRでの発信を提案し共同で製作した。同協議会は二〇二二年八月に渡島した際、島の中心部にある「硫黄が丘」で三六〇度の画像を撮影した。

VRでは、現在の硫黄が丘の映像に同地区で撮影された古写真を配置し、今昔を比べられるようにした。前述の総会でお披露目となった。篠崎が体験。「すばらしい」と喜んだ。自身は何度も渡島しているが、「『多くの人は』行くことができないから、こういうことで伝えられればいい」と話す。

「3世の会」の西村怜馬会長(一九八二年生まれ)は、祖父母が元島民だ。その祖父母はともに弟を硫黄島の戦闘で亡くしている。島は悲劇の場所だった。一方で、島民たちが豊かで平和な暮らしを送っていたことも事実だ。西村は祖母の墓参の付き添いで一〇回渡島した。「祖母は亡くなる二日前まで島の話をしていました。島に行くと元気になり、家では見せないうれしそうな表情になっていました」。祖母から、「摺鉢山に遠足に行ったときスイカを食べた。種を山に埋めておくと、次に行ったときにスイカが育っていた」。そんな話を聞いた。「最初は半信半疑だったのですが、他の一世の方からも聞きました。また実際に島に行くとパイナップルやマンゴーが自生していて、本当に豊かな島だったんだな、と実感しました」。「戦争の島」「地獄の戦場」といった印象もある島だが、「かつてあった生活や歴史を誰かが継承してゆきたい」と話す。

「世界的に特異な島」

川崎での総会の二カ月後、硫黄島をテーマにしたシンポジウムが明治学院大学(東京都港区白金台)で開かれた。戦没した島民の遺族や研究者らが一堂に会し、日本現代史において重要な場所について語り合う貴重な機会となった。コーディネーターを務めた石原俊・明治学院大学教授によれば、シンポの狙いは「「島民が故郷の島に帰れない」という事態と「遺骨が島から故郷に帰れない」という事態が交錯する、世界的にみても特異な状況を浮き彫りにすること」だった。

登壇した西村は、「3世の会」の活動内容とともに、聞き取りした元島民の声を紹介した。「墓参の機会を増やしてほしい。島全体が自衛隊の基地となっている状況でも、自衛隊の定期航空便は飛んでいる」「硫黄島のこと、硫黄島で亡くなった旧日本軍、旧島民の軍属の方たちのことを忘れられないように伝えてほしい」「故郷の地でゆっくり過ごす機会がほしい」といったことだ。「3世の会は、こうした思いを大切にして活動の輪を広げていきたい」と話した。

副会長の羽切朋子(一九七六年生まれ)も登壇した。祖母の兄二人が軍属として島に残り、亡くなっている。遺骨は見つかっていない。二〇二二年夏、初めて遺骨収容に加わった。「硫黄島がどんどん知られない島になっている。広く知ってもらうためには3世の会が活動しなければならない、と思い参加した」という。何度も収容したことのある人から「[遺骨を]お迎えするとき、「ありがとうございます。皆様のおかげでこんなにいい世の中で生活しています」、と伝えながらお迎えするんだよ」と言われていた。

しかし「初めて若い歯を見てしまったとき、手のひらにお迎えしてしまったとき、治療痕もない、私より若いであろう方の歯をお迎えしてしまったとき、気持ちは「ありがとう」というより複雑でした」。

ただ「私が見つけてあげなければいけない」、という気持ちが強まったという。さらに「これから四、五世とつなげていって、忘れられない島、ご遺骨を一柱でもお迎えして、皆さんの元に戻ってほしいと思います」と結んだ。

あきらめない――遺族たちの思い

硫黄島で戦死した近藤龍雄の孫、近藤恵美子に厚生労働省から通知があったのは二〇二一年七月のことだ。

「あなた様の申請に基づきDNA鑑定を実施し、鑑定会議においてご遺骨と血縁関係の存否を検討した結果、硫黄島において収容されたご遺骨とあなた様の間に、血縁関係が認められるご遺骨を特定することができませんでしたのでお知らせいたします」。

龍雄の部隊は島の激戦地、大坂山地区に展開していた。同省がそこで遺骨を収容していたこと、中にはＤＮＡ鑑定が可能な遺骨が含まれていたことは第1章で見た通りだ。「個人の特定につながる遺品が見つかっていない」ことを理由に、鑑定をかたくなに拒んでいた同省が方針を変え、遺品なしでの鑑定に舵を切ったことも同様である。祖父の遺骨を取り戻したい。恵美子の、その強い思いが国を動かしたのだ。

龍雄の遺族は鑑定を希望し、ＤＮＡを提供した。しかし龍雄の遺骨は見つからなかったのだ。ただ、今も硫黄島にはおよそ一万の遺骨が行方不明のままで、今後も収容は進む。遺族の希望により、提供した検体は同省が保管し、新たに収容された遺骨とのマッチングが行われる。

「あきらめていません」と、恵美子は話す。

敗戦から八〇年近くが過ぎた今も、亡くなった肉親のことを忘れられない人たち、遺骨を探し続ける人たちがいる。戦闘が終わっても、戦争は終わらない。戦争は未完である。

主要参考文献（著者五十音順）

秋草鶴次『十七歳の硫黄島』文春新書、二〇〇六年
石原俊『〈群島〉の歴史社会学――小笠原諸島・硫黄島、日本・アメリカ、そして太平洋世界』弘文堂、二〇一三年
――『硫黄島　国策に翻弄された一三〇年』中公新書、二〇一九年
NHK取材班『硫黄島玉砕戦　生還者たちが語る真実』NHK出版、二〇〇七年
ロバート・D・エルドリッヂ『硫黄島と小笠原をめぐる日米関係』南方新社、二〇〇八年
小笠原協会編『小笠原』特集第六五号、二〇二〇年
梯久美子『散るぞ悲しき　硫黄島総指揮官・栗林忠道』新潮文庫、二〇〇八年
上坂冬子『硫黄島いまだ玉砕せず』文春文庫、一九九五年
北村毅『死者たちの戦後誌――沖縄戦跡をめぐる人びとの記憶』御茶の水書房、二〇〇九年
具志堅隆松『ぼくが遺骨を掘る人「ガマフヤー」になったわけ。――サトウキビの島は戦場だった』合同出版、二〇一二年
栗林忠道／半藤一利解説『栗林忠道――硫黄島からの手紙』文藝春秋、二〇〇六年
栗原俊雄『シベリア抑留　未完の悲劇』岩波新書、二〇〇九年
――『20世紀遺跡　帝国の記憶を歩く』角川学芸出版、二〇一二年
――『遺骨　戦没者三一〇万人の戦後史』岩波新書、二〇一五年

――『特攻　戦争と日本人』中公新書、二〇一五年
――『戦後補償裁判――民間人たちの終わらない「戦争」』ＮＨＫ出版新書、二〇一六年
――『東京大空襲の戦後史』岩波新書、二〇二二年
――『戦争の教訓――為政者は間違え、代償は庶民が払う』実業之日本社、二〇二二年
厚生省引揚援護局編『引揚げと援護三十年の歩み』一九七七年
厚生省引揚援護局編『続々・引揚援護の記録』一九六三年
児島襄『将軍突撃せり　硫黄島戦記』文藝春秋、一九七〇年
後藤乾一『近代日本の「南進」と沖縄』岩波書店、二〇一五年
――『「南進」する人びとの近現代史――小笠原諸島・沖縄・インドネシア』龍溪書舎、二〇一九年
司馬遼太郎『歴史と視点　私の雑記帖』新潮文庫、一九八〇年
戦場体験放映保存の会・中田順子・田所智子編著『戦場体験キャラバン　元兵士２５００人の証言から』彩流社、二〇一四年
武市銀治郎『硫黄島　極限の戦場に刻まれた日本人の魂』大村書店、二〇〇一年
寺崎英成、マリコ・テラサキ・ミラー編著『昭和天皇独白録――寺崎英成・御用掛日記』文藝春秋、一九九一年
東京読売巨人軍50年史編集委員室編『東京読売巨人軍50年史』東京読売巨人軍、一九八五年
夏井坂聡子『硫黄島クロニクル――島民の運命』全国硫黄島島民の会、二〇一六年
野口厳『玉砕の硫黄島に生きた　混成第二旅団野戦病院』文芸社、二〇二一年
橋本衛ほか『硫黄島決戦　新装版』光人社ＮＦ文庫、二〇一五年
秦郁彦『旧日本陸海軍の生態学――組織・戦闘・事件』中公選書、二〇一四年
浜井和史『海外戦没者の戦後史――遺骨帰還と慰霊』吉川弘文館、二〇一四年

――『戦没者遺骨収集と戦後日本』吉川弘文館、二〇二一年
久山忍『英雄なき島――硫黄島戦生き残り 元海軍中尉の証言』産経新聞出版、二〇〇八年
藤田尚徳『侍従長の回想』講談社、一九六一年
ジェイムズ・ブラッドリー、ロン・パワーズ／島田三蔵訳『硫黄島の星条旗』文春文庫、二〇〇二年
文藝春秋編『完本 太平洋戦争〈四〉』文春文庫、一九九五年
防衛庁防衛研修所戦史室編『戦史叢書 中部太平洋陸軍作戦〈2〉ペリリュー・アンガウル・硫黄島』朝雲新聞社、一九六八年
――『戦史叢書 大本営陸軍部〈2〉』朝雲新聞社、一九六八年
――『戦史叢書 大本営陸軍部・大東亜戦争開戦経緯〈4・5〉』朝雲新聞社、一九七四年
――『戦史叢書 大本営海軍部・聯合艦隊〈7〉』朝雲新聞社、一九七六年
堀江芳孝『闘魂 硫黄島――小笠原兵団参謀の回想』光人社NF文庫、二〇〇五年
三田春次『凄惨な攻防戦！硫黄島 死から生への回帰道』新風舎、二〇〇七年
『三田評論』(慶應義塾機関誌)第一二三九号、二〇一九年
吉田裕『日本軍兵士――アジア・太平洋戦争の現実』中公新書、二〇一七年
ビル・D・ロス／湊和夫監訳『硫黄島 勝者なき死闘』読売新聞社、一九八六年

あとがき

長い日本の歴史の中で、太平洋戦争を含む第二次世界大戦は最大の悲劇といってよいだろう。敗戦から八〇年近くがたった今も、新聞やテレビなどのマスメディアが「戦争報道」を続けるのは、それゆえである。

筆者が見る限り、そうした「戦争報道」には二つの共通点がある。

一つは報道のパターン、比喩的にいえば「文法」である。まず高齢の戦争体験者たちを探し出す。それぞれの悲惨な経験を伝える。そして「戦争だけはしてはいけない」という趣旨の発言で締めくくる。

記者にとって、この「戦争だけは……」の文法は頼りになる。なぜなら、先輩たちがたくさんそういう原稿を書いてきたからだ。その原稿をチェックして報道に送り出す管理職(デスク)も、同様である。そして多くの人たちが違和感なく新聞記事を読み、あるいはテレビの報道を視聴するだろう。「戦争だけはしてはいけない」という言葉は説得力があり、その言葉で締めくくるのは「おなじみの文法」にのっとった報道だから。

もう一つの共通点は、「戦争報道」が毎年夏に集中していることである。一九四五年八月六日に広島に、九日には長崎に、それぞれ米軍が原爆を投下した。九日には満州にソ連が攻め込んできた。そして一五日、昭和天皇の「玉音放送」で国民は大日本帝国の敗戦を知らされた。

こうした歴史的経緯から、マスコミは八月に集中的に「戦争報道」をしてきた。たとえば米軍による原爆投下を踏まえて、「ハチロク」「ハチキュウ」という表現をするメディア人もいる。それぞれが年中行事、記号のようになっているのだ。

戦争の節目が多くあった八月に、戦争報道が集中するのは自然であり、報じる側と受け取る側の間である種の共同体意識が構築されてきた。そして、八月が終わるとメディアの「戦争報道」は、舞台から消えていく。そうした「季節物」のような報道はしばしば「八月ジャーナリズム」といわれる。

筆者は「戦争報道」を二〇年近く続けている。しかし一般の「戦争報道」とは、二つの点で決定的に異なっている。

まずは、「文法」を守らないことだ。

戦争は昔話ではない。二〇二二年二月にロシアが隣国ウクライナに侵攻して、新しい戦争が始まった。しかし、筆者がいう「戦争は昔話ではない」という場合の戦争は、現に砲弾が飛び交い殺し合いが続いている状況だけを指しているのではない。

ロシアが始めたウクライナの戦争がおそらくはそうであるように、そして大日本帝国の戦争が確実にそうであるように、戦闘は終わっても戦争による被害はなくならない。硫黄島をはじめとする未収容、行方不明の戦没者遺骨の問題は、その象徴である。

高齢の戦争体験者の話をもとに「戦争だけは……」という結論にまとめてしまうと、戦争がどこか遠い昔話になってしまうのではないか。筆者にはそうした懸念がある。だから筆者は、「文法」にのっとった報道をしない。

筆者の「戦争報道」が一般のそれと違っている二つ目の点は、「戦争報道」を一年中行っていることだ。

「八月ジャーナリズム」という表現には、好意的な視点というよりは「年中行事、季節物としてやっているだけ」というような批判的な視点、あるいは揶揄《やゆ》を感じる。しかし、筆者はこの「八月ジャーナリズム」は非常に重要であり、かつ大きな曲がり角に直面しているとも思う。

敗戦から八〇年近くが過ぎた今、最前線で戦った人たちを探し出すことは容易ではない。また一人や二人ではなく、ある程度の人数から聞き取りをすることはさらに難しい。加えて、現代はSNSの発達によって、個人発の話題やニュースが膨大にある。新聞もテレビも、日々のそうしたニュースを追いかけることに多大なエネルギーと時間を割かざるを得ない。「器」の問題もある。つまり新聞のページは簡単には増やせない。テレビも、どんなに志が高く優秀なスタッフでも、一日二四時間が増えるはずもない。たとえて言えば、一升マスはそのままで、そこに入れるべき豆＝ニュースが増えているのだ。こうしたことから、「昔話」と思われがちな「戦争報道」をすることは年々難しくなっている。

だから、たとえ八月だけでも戦争報道をする意味は大きいのだ。

だが筆者は一年中、戦争報道を続けている。理由は二つある。一つは「現に存在している戦争被害」を報道するためには、八月だけでは到底おさまらないこと。もう一つは「八月ジャーナリズム」の集中豪雨のような報道で、自分の記事が流されてしまわないため、である。

メディアを含めた私たちの社会が、「終わったこと」と誤解している戦争によって、今も苦しんでいる人がたくさんいる。その事実を広く伝えること。そしてその人たちの、ささやかでも力になること。そして戦争が起こると被害は庶民に広く長く深く及ぶことを知ってもらうことが、新しい戦争を防ぐ力になること。それを願って、筆者は「戦後補償問題」＝「未完の戦争」の取材と執筆を続けている。

筆者が戦没者遺骨の取材を始めたのは、硫黄島に渡ったことがきっかけだった。

離島とはいえ東京都の一部であるのに、いまだ一万もの遺骨が未収容。そして七〇歳を過ぎた「子ども」が、会ったことがないかまったく記憶のない父親の遺骨を探している光景は衝撃だった。

遺骨の問題は、シベリア抑留や特攻、空襲被害者、連合国のいいかげんな裁判で「ＢＣ級戦犯」とされ、国家や為政者たちが負うべき責任を背負わされた人たちの救済問題などと同じ「未完の戦争」の象徴だ。そして、「国策決定者は、庶民の想像力をはるかに超えたとんでもない間違いをする。その典型が戦争。間違いのツケは国策決定に関わることができない庶民に押しつけられて、永遠に清算できない」という、筆者の歴史観の根拠になるものでもある。

戦没者遺骨は海外で一〇〇万体以上が行方不明で、すべてを収容するのは不可能である。であればこそ政府は一体でも多く収容し、待っている人に返すべきなのだ。筆者はそのための取材と報道を続けてきた。

遺骨の問題に限らないが、筆者はある時期から、戦後補償を実行する主体である国を動かすことを目指して取材と執筆を行っている。うまく行かないことの方が多いが、本文で見たように成果もあった。

「栗原さんがやっているのは、もう報道ではなくて運動だね」。知人からそう言われたことがある。「報道であり、運動なんですよ」と、私は答えた。「すべきことをしない為政者を動かすための」。すると「客観報道でなくていいの?」と返される。筆者は「『Aさんがこう言っている、Bさんがこう言っている、Cさんのような意見もある』と紹介するのが客観報道なんだろうけれど、客観的事実に基づいて為政者の間違いを指摘するのも、立派な客観報道だと思います」と話した。個人の筆の力で直ちに社会を動かすことができるとは思わないが、戦闘が終わっても苦しみ続けている戦争被害者の存在を社会に広く伝えることで、いい方向に向かうと信じ、今後も「報道＝運動」を続けたいと思う。

なお、本文中敬称は省略した。また引用した資料はカタカナを平仮名にするなど、適宜改めている。

本書を書くことを思い立ったのは、二〇一九年春だった。

硫黄島で亡くなった近藤龍雄さんの遺族が、遺骨を取り戻すために厚生労働省にＤＮＡ鑑定を申し出たところ、厚労省は鑑定を拒否した。鑑定した結果、龍雄さんの遺骨は見つからなかったというならまだしも、国が鑑定自体をあれこれ理由をつけて行わないことの不条理を正したい。そういう気持ちが大きかった。

二〇〇六年、初めて硫黄島に渡って以来、戦没者遺骨の取材を続けてきた。沖縄、長崎、広島、大阪、東京、ロシア・シベリア、中国東北部など各地でたくさんの人たちのお世話になった。本書では、まず近藤恵美子さん。祖父である龍雄さんのことを教えてもらい、その後も協力してもらえなければ本書は存在しなかった。「全国硫黄島島民の会」の寒川蔵雄会長と「全国硫黄島島民3世の会」の西村怜馬会長とそれぞれの会員の皆さんにも多大なご協力を頂いた。硫黄島史研究、ことに島民の戦前と戦中、戦後史研究が立ち遅れる中、石原俊・明治学院大学教授の業績に学ぶところが大きかった。また、硫黄島の取材を五年、十年と長期的に取材、報道する記者は少ない。そうした中、二〇〇六年から取材と執筆を続け四回も渡島した、北海道新聞の酒井聡平記者からは大きな刺激を受けた。

さらに硫黄島の戦いから生還した金井啓さん、三田春次さん、大曲覚さんの貴重な証言は、「何としても本にして広く伝えなければ」というエネルギーとなった。亡くなる前に上梓できなかったことを、おわびしたい。

DNA鑑定の対象が拡大されたり、シベリアでの遺骨取り違え事件が明らかになったりと事態が大きく動いたこともあって、当初目指していた締め切りから大幅に遅れてしまった。担当編集者の吉田浩一さんが粘り強く見守りはげましてくれたことで、ようやく形になった。ありがとうございました。

最後に私事ながら、いつも執筆を応援してくれる妻の果生里と長男の幸雄に感謝を伝えたい。

二〇二三年二月

栗原俊雄

栗原俊雄
1967年生まれ．東京都出身．早稲田大学政治経済学部政治学科卒，同大学大学院修士課程修了(日本政治史)．1996年，毎日新聞社入社．現在，毎日新聞社専門記者．著書『戦艦大和 生還者たちの証言から』『シベリア抑留──未完の悲劇』『勲章 知られざる素顔』『遺骨 戦没者三一〇万人の戦後史』『東京大空襲の戦後史』(以上，岩波新書)，『シベリア抑留は「過去」なのか』(岩波ブックレット)，『20世紀遺跡帝国の記憶を歩く』(角川学芸出版)，『「昭和天皇実録」と戦争』(山川出版社)，『特攻──戦争と日本人』(中公新書)，『戦後補償裁判──民間人たちの終わらない「戦争」』(NHK出版新書)，『戦争の教訓──為政者は間違え，代償は庶民が払う』(実業之日本社)ほか．受賞歴，第3回疋田桂一郎賞(2009年)，第24回平和・協同ジャーナリスト基金賞奨励賞(2018年)．

硫黄島に眠る戦没者―見捨てられた兵士たちの戦後史

2023年3月24日　第1刷発行

著　者　栗原俊雄《くりはらとしお》

発行者　坂本政謙

発行所　株式会社 岩波書店
〒101-8002 東京都千代田区一ツ橋2-5-5
電話案内 03-5210-4000
https://www.iwanami.co.jp/

印刷・三陽社　カバー・半七印刷　製本・牧製本

ISBN 978-4-00-061587-7　Printed in Japan